Welt der Bilder IV

Seit Anbeginn versucht der Mensch, die Welt der Erscheinungen im Bild festzuhalten. Stets schuf er dabei mehr als bloße Abbilder der Wirklichkeit. Das Bild ist Wirklichkeit mit dem doppelten Boden psychologischer und sinnesphysiologischer, soziologischer oder technologischer Voraussetzungen. Dem Phänomen Bild unter diesen Aspekten nachzuspüren, ist Absicht dieser Reihe.

Wir leben in einem visuellen Zeitalter. Unser Alltag ist von Bildern umstellt. Wer sich die optische Sensibilität bewähren will, wer die Wirkungsmechanismen der Bilder erkennen will, wird in der neuen Reihe viele Anregungen finden. Ihre Bände kombinieren, thematisch klar gegliedert, eine Fülle ungewöhnlicher Bilder mit wissenschaftlicher Erläuterung ihrer Funktionen und Zusammenhänge.

一黃色鴟鶏在樹上下有無數死人

單頭人起亂中國
非青非白非赤黑
川田十八莫人耕
到處父南並子北

Wolfgang Bauer

Das Bild in der Weissage-Literatur Chinas

Prophetische Texte im politischen Leben
vom Buch der Wandlung bis zu Mao Tse Tung

Heinz Moos Verlag München

Zum Autor:

Professor Dr. Wolfgang Bauer, Ordinarius für Sinologie an der Universität München. Geboren 1930 in Halle/Saale. 1953 Promotion und 1958 Habilitation in München. Unterrichtstätigkeit in München, Heidelberg und Frankfurt, sowie an der University of California in Berkeley, University of Michigan in Ann Arbor, University of Washington in Seattle, Wash. 1963 bis 1966 Ordinarius an der Universität in Heidelberg. Mehrere Forschungsreisen nach Ostasien.
Vom gleichen Verfasser erschien unter anderem:
Die goldene Truhe (gemeinsam mit Herbert Franke). München, 1959 bis 1964 — über 100 000 Auflage.
China und die Hoffnung auf Glück. München, 1971.
Western literature and translation work in communistic China. Frankfurt, 1964.
Chinas Vergangenheit als Trauma und Vorbild. Stuttgart, 1968.
Darüber hinaus zahlreiche wissenschaftliche Beiträge in verschiedenen Zeitschriften des In- und Auslandes.

Zur Umschlagseite 1

Weißes Pferd mit regenbogenfarbiger Aureole als Bild zu Station Nr. 59 des Weissage-Textes *T'ui-pei-t'u* in der Darstellung des Manuskripts *A 5* (vergleiche Anhang S. 70).

Zu Abbildung Seite 2

Eine Anzahl Toter unter einem Baum, auf dem ein Vogel sitzt: Bild aus Station Nr. 6 des Weissage-Textes *T'ui-pei-t'u* in der Darstellung des Manuskripts *A 2* (vergleiche Anhang S. 44).

Zur Umschlagseite 4

Weissage-Text *T'ui-pei-t'u*, Station Nr. 46 und 47, in der Darstellung des Manuskripts *A 1* (vergleiche Anhang S. 64).

ISBN 3-7879-0070-5

© 1973 by Heinz Moos Verlag München
Gräfelfing vor München · Printed in Germany
Alle Rechte vorbehalten
Gesamtherstellung: Gebr. Bremberger, München

Inhalt

Einleitung 7

1. Die Entwicklung der Weissage-Literatur in China 11
    Wahrsagekunst und die Verbindung zwischen Natur und Mensch 11
    Frühe Prophezeiungen und Weissage-Schriften 14

2. Das T'ui-pei-t'u 17
    Erhaltene Weissage-Bücher und das T'ui-pei-t'u 17
    Entwicklungsformen des T'ui-pei-t'u und die Deutung der Bilder 22

3. Einzeldaten zur Überlieferung des T'ui-pei-t'u 31
    Für die Untersuchung verwendete Quellen 31
    Charakterisierung der vier Textstufen A, B, C und D 31
    Gesamtliste der in den verschiedenen Ausgaben des T'ui-pei-t'u vorkommenden Bilder . 32

Literatur 39

Anhang 40
    Übersetzung eines Manuskriptes des T'ui-pei-t'u (A1) 41

Einleitung

Von den drei großen Erfindungen, die die chinesische Kultur weit vor der europäischen gemacht hat — dem Kompaß, dem Schießpulver und dem Buchdruck — hat sie nur die eine, den Buchdruck, in vollem Maße ausgewertet. Zu kontinental eingestellt, um zu weltumgreifenden Entdeckungsfahrten aufzubrechen, die letztlich nur zu Schiff möglich gewesen wären, zu pazifistisch auch, wenigstens was die konfuzianische Grundhaltung anging, um sich für die Verbesserung der Waffentechnik zu interessieren, benutzte sie den Kompaß vorwiegend, und auch da nur gelegentlich, auf dem Lande und verwendete das Pulver als Feuerwerk. In der Druckkunst aber, die ursprünglich aus dem von religiösem Eifer getragenen Bestreben hervorgegangen war, die Schriften des Buddhismus in der Welt zu verbreiten und sich damit ein Verdienst für die Annäherung an das Nirwana zu erwerben, treten uns schon in der frühesten Zeit Werke von vollendeter Qualität entgegen. Davon gibt das älteste erhaltene gedruckte Buch der Welt (heute im Britischen Museum), das im Jahr 868 vor Christus entstand und eine bereits mit hervorragenden Illustrationen verzierte buddhistische Sutre enthält, einen überzeugenden Beweis. Das Buch, noch in Rollenform angelegt, wurde mit ganzen, Seite für Seite aneinandergereihten Holzblöcken gedruckt, nach einem Verfahren, das sich trotz der in China ebenfalls sehr früh gemachten Erfindung der beweglichen Lettern noch bis in die jüngste Zeit hinein erhalten hat, weil es bei der mit Tausenden von »Buchstaben« arbeitenden chinesischen Wortschrift tatsächlich in vieler Hinsicht am geeignetsten war.

Die frühe Verwendung des Buchdrucks prägte jedoch nicht nur der chinesischen Kultur selbst einen besonderen Stempel auf, sondern auch ihrer wissenschaftlichen Untersuchung, ob sie nun von ostasiatischer oder von westlicher Seite vorgenommen wurde. Das Sammeln und Kollationieren von Manuskripten, eines der grundlegenden Probleme der Klassischen und Orientalistischen Philologie, spielte in der Chinawissenschaft nahezu keine Rolle, weil diese Aufgabe meist schon seit langem von chinesischen Gelehrten gelöst worden war. Die Beschäftigung mit der chinesischen Literatur bedeutet also die Beschäftigung mit gedruckten Texten, was für den Forscher eine große Erleichterung ist, wenngleich zur selben Zeit auch der Verzicht auf sensationelle Entdeckungen durch Zufallsfunde oder detektivischen Spürsinn.

Dennoch gilt auch diese Regel nur mit einigen Ausnahmen. Voraussetzung für jede Drucklegung mit staatlicher Förderung oder Billigung war nämlich stets die anerkannte Respektabilität der betreffenden Schriftwerke — eine große Hürde im Angesicht des Konfuzianismus, der seit dem 9. Jahrhundert nahezu die Position einer Staatsreligion erobert hatte und von den Literaten-Beamten auch ganz in diesem Sinne vertreten wurde. Texte, die diesem Anspruch nicht zu genügen vermochten, ließen sich daher nun eben doch nur als Manuskripte weiterüberliefern oder in kleinen Druckereien in so winzigen Auflagen publizieren, daß sie sich in ihrer Verbreitung kaum mehr von Manuskripten unterschieden. Aber selbst wenn das nicht der Fall war — und gewisse Perioden wie zum Beispiel das 16. und 17. Jahrhundert sahen in manchen Landesteilen tatsächlich eine reiche Blüte der offiziell nur geduldeten gedruckten Volksliteratur — wirkte sich das Fehlen des konfuzianischen Segens doch immer noch sehr nachträglich für das Weiterbestehen eines Buches aus. Die mangelnde Achtung, die man solchen Texten entgegenbrachte, die in privaten, nicht selten auch Tempeln angeschlossenen Druckereien entstanden, sorgte für ihr rasches Verschwinden, auch wenn sie ausnahmsweise in großer Zahl auf den Markt geworfen und begierig gelesen worden waren. Schriften, die dem Bereich dieser fortwährend verachteten Volksliteratur angehörten, werden daher heute nicht nur deshalb so ausnehmend geschätzt, weil man in ihnen einen Eindruck von der eigentlichen »Seele Chinas« gewinnen kann, den die konfuzianischen Schriften sicherlich oft genug eher verstellten, sondern auch wegen ihrer großen Seltenheit. Wurden sie doch bis noch vor ganz kurzem in kaum einer chinesischen Bibliothek gesammelt (glücklicherweise allerdings in japanischen) und nicht anders behandelt als Groschenromane bei uns, obwohl sie einen großen Teil der Belletristik, so namentlich weite Bereiche des Romans und des Dramas, umfassen.

Noch schlimmer war es freilich, wenn ein Text vom konfuzianischen Staat nicht nur verachtet und vernachlässigt, sondern unmittelbar verfolgt und verboten wurde. Gerade Schriften der Volksliteratur konnten diesem Schicksal aus den verschiedensten Motiven besonders leicht anheimfallen: so zum Beispiel aus moralischen Gründen, wenn irgendeine allzu derbe oder allzu direkte erotische Schilderung das Mißfallen der Beamten erregte; oder aus weltanschaulichen, wenn ein »Aberglaube«, als den der diesseitig orientierte Konfuzianismus von jeher nahezu alles Religiöse betrachtete, »den Sinn des Volkes zu verwirren« drohte; oder auch aus politischen, wenn die Regierung, vor allem eine nicht-chinesische wie die seit 1644 auf dem Thron sitzende mandschurische, eine gegen sich selbst gerichtete Agitation witterte. Die chinesische Literaturgeschichte ist seit der ersten, inzwischen fast legendär gewordenen »Bücherverbrennung« unter dem Kaiser Ch'in Shih Huang-ti im Jahre 213 vor Christus, nahezu ununterbrochen von Bücherverboten begleitet gewesen, die die Volksliteratur stets in besonderem Maße trafen und mitunter so wirksam waren, daß sie manche Literaturgattungen fast völlig vernichteten.

Diese Tatsache ist um so bedauerlicher, als dadurch in vielen Fällen nicht nur Texte zerstört wurden, sondern auch Illustrationen, mit denen sie versehen gewesen waren. Ein besonderes Charakteristikum der chinesischen Volksliteratur ist nämlich der reiche Gebrauch von Bildern, die teils ganzseitig in den Text eingestreut, teils als fortlaufende Bildleiste darüber gesetzt wurden. Besonders die letztgenannten wirken dabei wie eine Vorform der heutigen Bildheftchen (»Comics«), und es ist sicherlich kein Zufall, daß im heutigen China solche, nun allerdings modern aufgemachte Bildbücher in großer Zahl mit politischen Motiven für die breite Masse produziert werden; sie schließen unmittelbar an eine alte Volkstradition an. Dagegen verzichteten die von der konfuzianischen Bildungsschicht geschätzten, literarischen Texte in geradezu auffälliger Weise auf Illustrationen und ließen sie nur in technischen Werken gelten, wo sie zur Demonstration unerläßlich waren; gerade ihre unmittelbare »Einsichtigkeit«, die auch den Ungebildeten, ja den Illiteraten mit einschloß, lief der exklusiven Haltung der Gelehrtenschicht zuwider. Dem »Weisen« hatte das geschriebene Wort »genug« zu sein, und zwar um so mehr, als die chinesische Schrift als abstrakte und dem gebildeten Bewußtsein immer noch gegenwärtige Bilderschrift ohnehin noch ein hohes Maß an Bildassoziationen enthielt.

Unter den Texten, die zumindest teilweise zur Volksliteratur gerechnet werden müssen und solchermaßen sich nur schwer entwickeln konnten, standen die in China dennoch gerade besonders populären prognostischen und prophetischen Texte an erster Stelle. Um das Wesen dieser eigentümlichen Schriften abschätzen zu können, ist es freilich notwendig, zunächst eine Unterteilung bei diesen sehr unterschiedlichen, sich mit der Zukunftsentschleierung befassenden Bücher vorzunehmen, die ganz allgemein und nicht nur für China gilt. Weisheit und Wissen um die Zukunft werden ja in fast allen Kulturen in einer merkwürdigen Gedankenverbindung als eng verwandt, wenn nicht gar als gleichartig, empfunden. Die besondere Fähigkeit des Menschen, manche zukünftigen Ereignisse aus den Bedingungen der Gegenwart abzuleiten, wird hierbei zum Kriterium der Erkenntnis überhaupt. Die Erforschung der Zukunft kann aber doch von sehr verschiedener Art sein: Der Wahrsager, der bei großen und kleinen Entscheidungen seine Hilfe anbietet, steht auf einer ganz anderen Stufe und hat eine ganz andere Funktion als der Prophet, der umwälzende Ereignisse vorhersieht und gleichzeitig vorbereitet. Beim Wahrsager wird die Zukunft in der Regel nur stückweise entschleiert: der kleine Bereich des zukünftigen Schicksals eines Einzelmenschen, zudem meistens bezogen auf die spezifische Situation des bestimmten Augenblicks, in dem er fragt. Beim Propheten liegen die Verhältnisse nahezu umgekehrt: Nur in den seltensten Fällen antwortet er unmittelbar auf Fragen; er sieht die Zukunft nicht in Parzellen, sondern in ihrem großen Bogen, sieht nicht das Einzelleben, sondern die umfassenden Bezüge und hofft nicht selten darüber hinaus das Ziel der Geschichte zu erschauen. Bilden Wahrsager und Prophet demnach in vieler Hinsicht Gegensatzpaare, so haben sie doch in der zugrunde liegenden Vorstellung, daß es ein dem Menschen übergeordnetes Gesetz geben müsse, auch wieder etwas Gemeinsames. Der Übergang von der Wahrsagekunst zur Prophetie kann sich daher auf den verschiedensten Wegen vollziehen. Soweit hierbei Texte verwendet werden, die in der Regel eine nachträgliche Korrektur erschweren, wenn nicht ausschließen, ist dieser Übergang gewöhnlich mit einer fortschreitenden Einengung der für die Zukunft zu erwartenden Möglichkeiten verbunden. Selbst wenn er zu seiner Unterrichtung gelegentlich Bücher zur Hand nimmt, ist der Wahrsager in seiner Zukunftsbestimmung zunächst noch völlig frei. Das gilt natürlich auch für den Propheten, gleichgültig, ob er seine Prophezeiung nur ausspricht oder schriftlich niederlegt. Beginnt der Wahrsager aber ein festes »Handbuch« zu benutzen (wie etwa, um nur ein Beispiel zu geben, die Bibel, aus der ja nicht selten gewahrsagt wurde, indem man eine zufällig aufgeschlagene Seite zur Grundlage der Vorhersage machte) oder, was auf dasselbe hinausläuft, ein beliebiges anderes geschlossenes System (wie etwa ein Kartenspiel), so ist bereits die Zahl der Zukunftsmöglichkeiten grundsätzlich festgelegt, mag auch die Vielfalt der Kombinationsmöglichkeiten noch so groß sein. Über diesen Weg kann aber auch die Prophetie eine Einengung erfahren, und zwar gerade dann, wenn sie in allzu enger Verbindung zur Wahrsagekunst steht. Es braucht sich nämlich nur der Gedanke durchzusetzen, daß die verschiedenen, in einem Wahrsagesystem angenommenen und entsprechend symbolisierten Grundsituationen (Karo-As: Geldgewinn, Treff-Sieben: Feindliche Auseinandersetzung, Pik-As: Todesfall) auch im großen Weltgeschehen Gültigkeit haben und, was noch wichtiger ist, in einer *bestimmten Reihenfolge* auseinander hervorgehen, und schon läuft die Menschheitsgeschichte wie ein Uhrwerk ab und kann scheinbar so sicher vorausgesehen, »prophezeit« werden, wie die Bahn der Gestirne.

China hat in den Jahrhunderten alle nur erdenklichen Wahrsagesysteme und Wahrsagebücher hervorgebracht, ebenso eine große Zahl von Weissage-Schriften und darüber hinaus viele Texte, die zwischen diesen beiden hier skizzierten Formen der Beschäftigung mit der Zukunft liegen. Der Wahrsagekunst, die sich nur auf das relativ unbedeutende Schicksal des einzelnen bezieht, hat der Konfuzianismus dabei interessanterweise kaum je besondere Schwierigkeiten in den Weg gelegt, um so mehr aber fast jeder prophetischen Vorhersage. Hier rührte sich sofort sein für alle politischen Belange außerordentlich empfindliches Gespür — war doch die Wahrsagerei verhältnismäßig leicht von der Politik zu trennen, die Prophetie im Grunde aber nie. Die Beschäftigung mit dieser Art Literatur hatte daher nicht nur (wie vielleicht auch in Europa) den Geruch des Unsoliden, sondern auch den des politisch Unzuverlässigen, ja Revolutionären. Sicherlich hängt es damit zusammen, daß die chinesischen Weissage-Texte, obwohl sie in den zwanziger und dreißiger Jahren unzweifelhaft eine nicht zu unterschätzende politische Rolle spielten und bis auf den heutigen Tag an der Peripherie Chinas, also in Taiwan, Hongkong, Singapur und in den von Auslandschinesen besiedelten Ländern Südostasiens in Bücherläden, namentlich bei Straßenverkäufern erworben werden können, dennoch überall fast wie Pornographie eher heimlich oder verschmitzt angeboten werden. Die ersten wissenschaftlichen Arbeiten über diese Texte erschienen daher auch bezeichnenderweise in Japan, und die erste Übersetzung einer wichtigen Weissageschrift wagte der Übersetzer, ein Chinese, nur mit einem Pseudonym zu signieren. Ein erfolgreiches Studium derartiger Texte, deren älteste und interessanteste Versionen immer wieder unterdrückt wurden und daher nur in Manuskripten oder seltenen Drucken erhalten geblieben sind, ist daher auch heute noch ohne verschiedene glückliche Zusammentreffen nur schwer möglich.

Den ersten Hinweis auf einen der wichtigsten Weissage-Texte, der den Namen *T'ui-pei-t'u* (»Rückenstoß-Tafeln«) trägt und auch im Mittelpunkt des vorliegenden Buches steht, erhielt der Verfasser 1961 in Berkeley, California, nach einem Vortrag über Wechselbeziehungen zwischen Schrift und Volksglauben in China von dem chinesischen Gelehrten und Literaten Hsia Tsi-an (1916—65). Dieser machte ihn darauf aufmerksam, daß das noch heute geübte Verfahren, chinesische Schriftzeichen regelwidrig zu zerteilen und ihnen dadurch einen neuen, überraschenden Sinn zu verleihen, auch bei den Weissage-Texten gang und gäbe sei. Wenige Tage darauf stieß der Verfasser dann in der Bibliothek der University of California auf ein Manuskript dieses Textes mit bunten Illustrationen, dessen Photokopie er wenig später durch die eines anderen, in der Harvard Yenching Bibliothek aufbewahrten Manuskriptes ergänzen konnte. Durch eine Ostasienreise 1965 traten dazu dann einige weitverbreitete zeitgenössische Drucke, die in Hongkong erworben werden konnten, mit den älteren Manuskripten offensichtlich aber fast nur noch den Namen gemeinsam hatten, sowie eine photolithographischer, 1912 in Japan erschienener Druck, der wiederum eine andere Form des Textes repräsentierte. Das wohl älteste, schönste und wertvollste Manuskript bekam der Verfasser im gleichen Jahr in der Academia Sinica bei Taipei zu Gesicht. Die bis dahin eingesehenen Texte ermöglichten eine erste Analyse der verschiedenen Entwicklungsstufen dieser prognostischen Schrift. Einige Jahre später, 1970, erschien dann in einer japanischen religionswissenschaftlichen Zeitschrift der Aufsatz eines japanischen Sinologen, Nakano Tóru, der sich mit dem gleichen Text beschäftigt und in ähnlicher Weise, aber gestützt auf andere Manuskripte, die verschiedenen Textstufen rekonstruiert hatte. Bei einer weiteren Ostasienreise 1972, die speziell der Erforschung der Einflüsse der chinesischen Schrift auf Mantik und Magie galt, kam der Verfasser dann mit dem Professor Nakano, der sich als Schüler eines eigenen japanischen Studienfreundes herausstellte, in persönlichen Kontakt und erhielt von ihm liebenswürdigerweise die Erlaubnis, die beiden ältesten in seinem Besitz befindlichen Manuskripte nicht nur aufzunehmen, sondern gegebenenfalls auch zu publizieren. Bei derselben Reise konnten darüber hinaus einige alte, für das Thema bedeutsame japanische Publikationen angeschafft sowie in Taipei in der Nationalbibliothek ein weiteres Manuskript eingesehen werden. Erst durch die Kenntnis all dieser Texte und den dadurch möglich gewordenen Vergleich gelang es, einen Überblick über das Schicksal dieses vielgestaltigen Textes und — da er in mancherlei Hinsicht als typisch für die prognostischen Texte in China überhaupt angesehen werden kann — auch über die chinesischen Weissage-Literatur als Ganzes zu gewinnen. Der Verfasser ist daher allen denen, die ihm bei dieser Suche geholfen haben, darunter vor allem Professor Nakano, zu größtem Dank verpflichtet, darüber hinaus aber den folgenden Bibliotheken: Harvard Yenching Institute, Cambridge, Mass.; Far Eastern Library, University of California, Berkeley, Cal.; Academia Sinica, Nanking bei Taipei, Taiwan; National Central Library, Taipei, Taiwan. Sein Dank gilt ferner der Deutschen Forschungsgemeinschaft, die die zwei Ostasienreisen 1964/65 und 1972 finanziell unterstützte und damit das Bekanntwerden mit den wichtigsten Manuskripten überhaupt erst ermöglichte.

In dem vorliegenden Band stehen die Illustrationen zu den prognostischen Texten, die besonders im *T'ui-pei-t'u* eine entscheidende Rolle spielen, im Vordergrund. Sie werden voll verständlich aber erst in ihrer Beziehung zu den dazugehörigen Sprüchen, die daher nach der ältesten Version des Textes in Übersetzung beigegeben sind. Ein kurzer Abriß der Geschichte der Weissage-Literatur in China soll darüber hinaus deutlich machen, welchen eminenten Einfluß sie zumindest zeitweilig auf das geistige und politische Leben ausgeübt hat. Was die Bilder angeht, so liegt ihr besonderer Reiz darin, daß sie in den älteren Manuskripten ausnahmslos farbig erscheinen, und zwar nicht bloß, um ihnen besondere Pracht zu verleihen, sondern weil die Farbgebung selbst in den meisten Fällen einen integralen Bestandteil der Bedeutung darstellt und deshalb auch in den einem jeden Bild beigegebenen Bildbeschreibungen eigens hervorgehoben wird. Selbst in die späteren Druckausgaben, die aus rein technischen Gründen auf die Farbe verzichten mußten — Drucke mit Farbholzschnitten, die an sich möglich gewesen wären, sind nicht bekannt — wurden diese Bildbeschreibungen samt den Farbangaben übernommen. So haben wir in den Illustrationen zu diesen Weissage-Texten besonders eindrucksvolle Beispiele der chinesischen Buchkunst vor uns, die uns einen Eindruck davon geben, in welch — im wörtlichsten Sinne — farbigen Bildern sich die Kräfte der Geschichte in der Vorstellung des chinesischen Volkes spiegelten.

1. DIE ENTWICKLUNG DER WEISSAGE-LITERATUR IN CHINA

Wahrsagekunst und die Verbindung zwischen Natur und Mensch

Die Zukunftsdeutung ist in China so alt wie die Geschichte des Reiches der Mitte selbst. Ja mehr als das: Die frühesten, noch aus der Mitte des zweiten vorchristlichen Jahrtausends stammenden Texte, aus denen man indirekt ein Bild von den Anfängen dieser ältesten noch lebenden Kultur gewinnen kann, sind ausnahmslos Orakeltexte. Sie stammen von der Hand von Priestern, die, zusammen mit Schamanen, die Könige der ersten historisch faßbaren Dynastie, der Shang-Dynastie (ca. 1500–1050 vor Christus) berieten und aller Wahrscheinlichkeit nach die — damals allerdings noch sehr viel bildhaftere — chinesische Schrift erfanden. Die Erhaltung dieser Orakeltexte hat man der besonderen Technik des Orakels zu verdanken, das mit einem sehr dauerhaften Schreibmaterial arbeitete: mit Knochen und Schildkrötenschalen. Die Orakelfragen, bei denen es um Wetter, Jagdglück und Feldzüge ebenso ging wie um die Gesundheit und die Träume des Königs, wurden nämlich von den Priestern in die noch weichen Knochen von Opfertieren eingeritzt und anschließend mit heißem Metall angebohrt. Die sich durch die plötzliche Erhitzung bildenden Risse dienten zur Festlegung der Antwort auf die jeweilige Frage. Die auf diese Weise benutzten Knochen wurden sorgfältig gesammelt und bildeten nicht nur eine Art heiliges Gerät, sondern zugleich auch einen einzigartigen Schatz an historischer Erfahrung, der der ohnehin ungemein einflußreichen Position der Orakelpriester als den Beratern des Königs zusätzlich eine nahezu wissenschaftliche Fundierung verlieh. Das Schriftzeichen für »Orakelpriester« nahm nicht aus Zufall zunächst auch die Bedeutung »Astrologe« und schließlich »Geschichtsschreiber« an, eine Bedeutung, die es selbst heute noch hat.
Der Sturz der Shang-Dynastie um das Ende des zweiten Jahrtausends vor Christus bereitete auch der Macht der Priester ein Ende. Denn in der auf sie folgenden Chou-Dynastie (unterteilt in eine »Frühere« ca. 1050 bis 770, und eine »Spätere« 770–403 vor Christus), die von einem streng patriarchalisch organisierten, ursprünglich im Westen angesiedelten Volk getragen wurde, versah der König selbst, ohne die Vermittlung von Priestern, die Obliegenheiten der Astralreligion, der die Chou anhingen, nämlich vor allem die Darbringung des »Himmelsopfers«. An die Stelle der Orakelpriester traten allerdings die Astrologen, wie es dem Astralkult angemessen war. Ihre Position war jedoch nicht mehr so einflußreich wie die der Shang-Priester, sie übernahmen dafür aber mehr noch als jene die Funktion von Historikern. Allein durch diese Doppelfunktion bereiteten sie aber den Boden für den unterschwellig immer schon vorhandenen Glauben an eine Wechselbeziehung zwischen den Geschehnissen in der Natur und denen in der Politik, ein Glaube, der ja ohnehin das Prinzip jeder Form der Mantik bildet. Er lag auch der speziellen Form des Orakels zugrunde, die sich während der Chou-Dynastie herausbildete und im Gegensatz zu dem Knochenorakel der Shang-Zeit eindeutiger und zugleich kontrollierbarer war: dem Orakel mit Hilfe eines festen schriftlichen Textes. Der Text, den man hierfür verwendete, hieß »Buch der Wandlungen« (»I Ging«, *I-ching*), zugleich aber auch »Wandlung der Chou« (*Chou-I*), was erkennen läßt, in welchem Maße er mit der gegenüber der Shang-Dynastie so ganz anders gearteten Herrschaft der Chou-Könige identifiziert wurde.
Dieses »Buch der Wandlungen«, in seinen Grundlagen eines der ältesten, wenn nicht das älteste Buch Chinas überhaupt, ist gleichzeitig auch der früheste zusammenhängende chinesische Wahrsagetext. Sein Einfluß auf alle späteren Texte dieser Art kann nicht hoch genug eingeschätzt werden. Vor allem hatte die in dem Buch vorgenommene Eingrenzung aller Möglichkeiten der Existenz auf eine bestimmte Zahl, nämlich auf 64 Grundsituationen, die in einer numerologisch befriedigenden Weise durchgängig durch eine Kombination von jeweils sechs gebrochenen oder durchgezogenen Linien (sogenannten »Hexagrammen«) symbolisiert wurden (Abb. 1), etwas ungemein Bestechendes. Sie prägte in ihren

Abbildung 1: Die acht chinesischen »Trigramme«, die, paarweise zusammengefügt, zu den 64 »Hexagrammen« wurden.

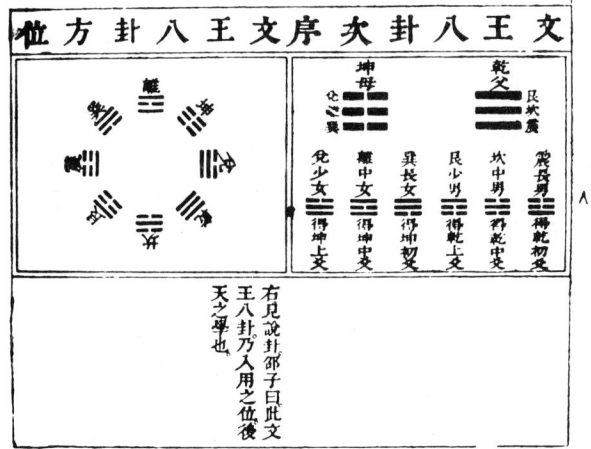

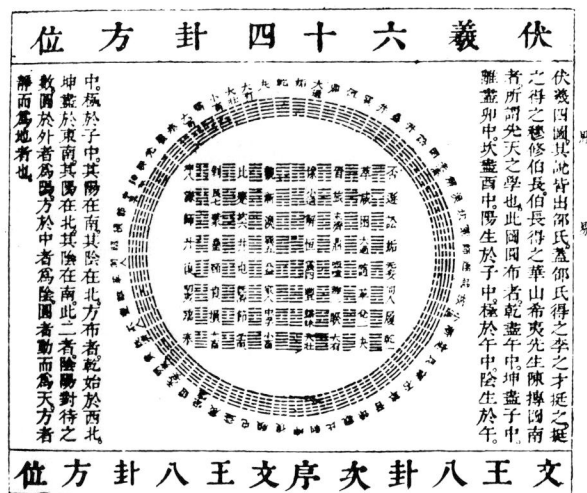

Abbildung 2: Zyklisch und blockartig angeordnete Hexagramme, die gelegentlich die Grundlage für prognostische Aussagen abgaben.

Konsequenzen einen für China wichtigen, sozusagen »flächigen« Zeitbegriff, in dem die Grenzen zwischen Vergangenheit, Gegenwart und Zukunft nicht so streng gezogen waren. Denn jede Situation wurde hier als der mögliche Keim einer jeden anderen Situation betrachtet, symbolisiert durch die Hexagramme, in denen sich jeweils ein oder mehrere Striche in ihr Gegenteil verkehren konnten. Aber auch die beiden anderen, uns geläufigeren Zeitbegriffe, der zyklische und der lineare, konnten daran exemplifiziert werden, obwohl sie der Konzeption dieses Buches ursprünglich gerade *nicht* zugrunde gelegen hatten. Sobald man nämlich die Hexagramme und die damit verbundenen 64 Grundsituationen auf eine einsichtige Weise entweder zyklisch oder auf eine Endsituation hin anordnete (Abb. 2), konnten sie plötzlich als Erklärung für diese oder jene Entwicklung im kleinen oder im großen herangezogen werden. Zu solchen Ausdeutungen der *Reihenfolge*, in der die Grundsituationen angeordnet waren, gelangte man freilich erst relativ spät; denn das »Buch der Wandlungen« war tatsächlich anfangs für lange Zeit ein reines Wahrsagebuch und *kein* prognostischer Text. Durch die einfache Notwendigkeit aber, die in dem Buch dargestellten existenziellen Grundsituationen in irgend einer *Reihenfolge* vorzustellen, verwandelte es sich leicht in einen prophetischen Text: Sobald man eine beliebige Situation mit der Gegenwart identifizierte, wurden alle *davor* liegenden zu Beschreibungen der Vergangenheit, alle *darauf* folgenden zu solchen der Zukunft.

Im äußeren Aufbau faszinierte das »Buch der Wandlungen« zudem durch die eigentümliche Zusammenstellung von »Diagrammen« — eben den Hexagrammen, die als aus jeweils zwei »Trigrammen« sich aufbauend vorgestellt wurden — und erklärenden Sprüchen, die dem Buch schon bei flüchtigem Augenschein ein besonderes Aussehen verliehen. Das gewissermaßen »Vor-Schriftliche«, das in den Hexagrammen zum Ausdruck kam, noch zwischen reinem Bild und reiner Schrift stehend, war dem chinesischen Denken, das auch sonst immer wieder mit Vorliebe auf Diagramme zurückgegriffen hat, offenbar in besonderem Maße kongenial. Das bildhafte Element spielt ja auch generell in der chinesischen Schrift, die nie zur Abstraktionsstufe einer rein phonetischen Schrift vordrang, eine wichtige, anderswo nicht vorstellbare Rolle. Darüber hinaus gaben die Hexagramme allein durch ihren numerologischen Aufbau manche Anregungen zu naturphilosophischen Spekulationen. In der ersten Hälfte der Han-Dynastie, also im 2. und 1. Jahrhundert vor Christus, wurden dem »Buch der Wandlungen« daher nicht nur eine Reihe von angeblichen Kommentaren angefügt, die das Buch als den Ausdruck einer Art Weltformel interpretierten, sondern auch zwei kompliziertere Diagramme, in denen Zahlensymbole für die Hexagramme in Gestalt von dunklen und hellen Scheiben wie in einem magischen

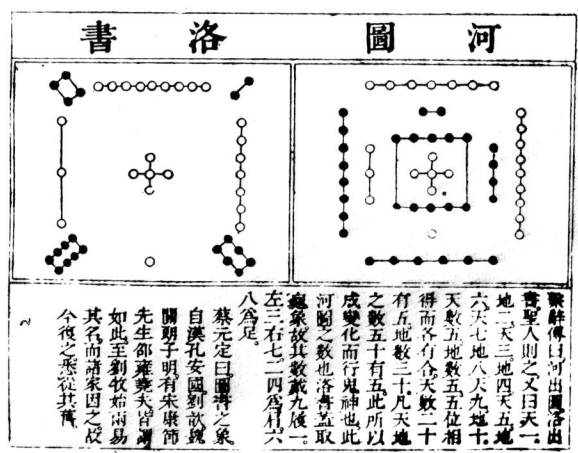

Abbildung 3: Magische Diagramme. Oben rechts: »Tafel vom Gelben Fluß« (Ho-t'u). Oben links: »Schrift vom Flusse Lo« (Lo-shu).

Zahlenquadrat einander gegenübergestellt waren. Sie wurden »Tafel vom Gelben Fluß« (*Ho-t'u*) und »Schrift vom Flusse Lo« (*Lo-shu*) genannt (Abb. 3) und als bedeutungsvolle Symbole der Wirkkräfte der Welt verstanden. Noch heute werden sie in den chinesisch besiedelten Gebieten an der Peripherie Chinas (Hongkong, Taiwan, Singapur etc.) als zauberkräftige Symbole betrachtet, die deshalb auf Exorzistenfahnen (Abb. 4) für die Austreibung böser Geister immer wiederkehren. Um diese und ähnliche Diagramme bildeten sich bald (wie schon vorher um das »Buch der Wandlungen«) viele andere Bücher, die in ähnlich kabbalistischer Weise, dem Geheimnis der Welt auf die Spur zu kommen trachteten.

Diese Schriften waren Teil einer Strömung im Konfuzianismus, die sich unmittelbar mit der bereits kurz gestreiften Lehre über eine bestehende Kongruenz zwischen Naturerscheinungen und Politik in Zusammenhang bringen läßt, wie sie sich in den Kreisen der Astrologen-Beamten am Hofe der Chou allmählich herausgebildet hatte. Der Grundgedanke bestand zunächst darin, daß ungewöhnliche Vorkommnisse in der Natur wie zum Beispiel das Auftreten von Kome-

Abbildung 4: Noch heute benutzte Exorzistenfahne aus Tainan (Taiwan, Formosa), die die »Schrift vom Flusse Lo« in leicht veränderter Form enthält. In der Mitte die acht »Trigramme«.

ten, das Fallen von Meteoren, die Entdeckung ungewöhnlicher Steine, Erdbeben, Überschwemmungen, Dürrekatastrophen, Hagelschlag mit farbigen Hagelkörnern u. v. a. als Reaktionen der Natur auf bestimmte Regierungsmaßnahmen aufgefaßt wurden, umgekehrt aber auch als natürliche »Vorzeichen« für bestimmte, sich unaufhaltsam anbahnende politische Veränderungen. Als Kern dieser mit viel Akribie immer weiter ausgebauten und durch die Einführung einer Unzahl von Entsprechungen zu einem immer undurchdringlicheren Geflecht entwickelten Lehre figurierte das System der zwei Grundkräfte Yin und Yang, des Dunklen, Weiblichen, Feuchten, sich Anpassenden, Dionysischen auf der einen Seite und des Hellen, Männlichen, Trockenen, Herrschenden, Appollinischen auf der anderen Seite. Die gebrochenen Striche im »Buch der Wandlungen« wurden im nachhinein als Symbole des Yin, die geraden als Symbole des Yang aufgefaßt. Dieses Yin-Yang-System wurde zusätzlich mit einem anderen, ursprünglich selbständigen, aber ebenfalls mit vielen Entsprechungsregeln versehenen System verbunden und dadurch in seiner Kompliziertheit potenziert, nämlich mit dem der »Fünf Elemente«, als die man, etwas anders als in Europa, die Grundsubstanzen Erde, Holz, Metall, Feuer und Wasser ansah. Der Einfluß dieser verschiedenen sich einander überlagernden Urkräfte sollte sich nicht bloß auf die Natur beschränken, sondern sich auch auf alle politischen Geschehnisse erstrecken. Das Erkennen der hier angeblich wirkenden Gesetze, deren Erforschung sich die gelehrte Beamtenschicht zur Aufgabe gemacht hatte, bot demnach zwei Vorteile: erstens die Möglichkeit, die Natur durch entsprechende Maßnahmen innerhalb der Regierung günstig zu beeinflussen, und zweitens, künftige politische Entwicklungen an bestimmten Erscheinungen in der Natur im voraus zu erkennen. So konnte man zum Beispiel einerseits Flutkatastrophen, die immer ein Überhandnehmen des feuchten Yin-Elementes anzeigten, durch eine Schwächung der Machtposition der Minister abfangen, weil sie gegenüber dem als Yang eingestuften Herrscher das Yin-Element in der Regierung darstellten. Andererseits konnte man zum Beispiel durch das massenhafte Auffinden ungewöhnlicher Metalle darauf hingewiesen werden, daß das Element Metall sich anschicke, seine Herrschaft in der Welt im Rahmen einer, stets zyklisch vorgestellten, Machtablösung zu übernehmen, und auf diese Weise einen angeblich unausweichlich bevorstehenden Dynastiewechsel voraussagen. Die Einführung dieser Lehren in den Konfuzianismus, die sich namentlich durch die Werke eines Gelehrten namens Tung Chung-shu (2. Jahrhundert vor Christus) für eine Reihe von Jahrhunderten durchsetzten, bedeutete in vieler Hinsicht eine Verkehrung des ursprünglichen Konfuzianismus in sein Gegenteil. Hatte Konfuzius es sich einst zur Aufgabe gemacht, altüberkommene magisch-charismatische Kriterien in der Politik durch moralische zu ersetzen, das rationale Element an die Stelle des religiösen zu stellen, so wurde jetzt unter dem Deckmantel einer Pseudowissenschaft, die gewissermaßen die Naturgesetzlichkeit historischer Abläufe erkannt zu haben meinte, gerade diese seine Errungenschaft wieder aufgehoben. Das Groteske an diesem Vorgang bestand darin, daß er obendrein im Namen des Konfuzius durchgeführt wurde, ja daß sogar eine ins Religiöse gesteigerte Verehrung des Konfuzius ein ganz wesentliches Element dieser geistigen Strömung war. Denn man verklärte nicht nur sein gesamtes Leben durch eine Fülle von Legenden, sondern betrachtete ihn auch als eine Art göttlichen Welterlöser, der die von einem vergangenen Goldenen Zeitalter allmählich in Degeneration abgeglittene Menschheit zur Umkehr bewogen habe, so daß sie seit seinem Erscheinen nun ebenso allmählich wieder einem neuen Goldenen Zeitalter entgegenwachse. Der Konfuzianismus wurde damit plötzlich durch ein Ziel in der Zukunft bereichert, durch ein chiliastisches Motiv also, das er ursprünglich in keiner Weise besessen hatte. Durch diese Vergottung des Konfuzius wurde aber auch sein eigentliches Hauptanliegen, nämlich den Menschen zum Maß aller Dinge zu machen, zerstört; der Mensch wurde wieder zum Objekt oder bestenfalls zum Partner übermenschlicher Kräfte, zu denen sich eben nur Konfuzius selbst als einer ihrer wichtigsten Exponenten gesellte.

Frühe Prophezeiungen und Weissage-Schriften

Im Dunstkreis dieses religiösen Konfuzianismus entstanden nun auch die ersten wirklich prophetischen Schriften. Vorläufer der verschiedensten Art, zu denen namentlich die »Tafel vom Gelben Fluß« und die »Schrift vom Flusse Lo« gehörten, sind schon für die Frühere Han-Dynastie (206 vor bis 8 nach Christus) in den beiden letzten Jahrhunderten vor Christus nachweisbar. Die größte Masse dieser Schriften erschien jedoch erst in der Späteren Han-Dynastie (25—220 nach Christus), in den ersten beiden Jahrhunderten nach Christus. Zum größten Teil wurden diese Schriften und »Tafeln« als unmittelbare Schöpfung der kosmischen Wirkkräfte aufgefaßt, die angeblich Natur und Geschichte gleichzeitig in Bewegung hielten. Dementsprechend sind sie auch fast ausnahmslos anonym, und auch der Zeitpunkt ihrer Entstehung scheint im grauesten Altertum zu liegen. Auffallend ist ihre enge Verbindung zu verschiedenen chinesischen Flüssen. Die wohl bekannteste Legende über die Entstehung eines solchen Textes ist die über die »Schrift vom Flusse Lo«: Der sagenhafte Kaiser Yao soll an der Spitze seiner Minister eine runde Jadescheibe als Opfer in den Lo-Fluß versenkt haben, worauf am selben Abend, von einem geheimnisvollen Licht umflossen, eine dunkle Schildkröte emporgetaucht sei, auf deren Panzer ein magisches Diagramm eingezeichnet gewesen sei. Viele andere Legenden berichten ebenfalls von allerlei Wassergetier, das prognostische Schriften auf dem Rücken oder im Maul ans Ufer brachte. Aber auch Vögel sollen sie in ihren Schnäbeln herbeigetragen haben, in Einzelfällen auch Menschen, deren Aussehen sie dann jedoch sogleich als Figurationen von Naturkräften erkennbar machte. Soweit diese Schriften nicht unmittelbar dem Einbruch des Übermenschlichen in die Sphäre des Menschen zugeschrieben wurden, betrachtete man sie als Werke des Konfuzius, der ihnen mit seiner Autorität eine **nicht geringe Unanfechtbarkeit verlieh.**

Nach den Eintragungen zu urteilen, die wir in den vielen alten, in China noch erhaltenen Buchkatalogen finden, muß die Zahl solcher Schriften in den ersten Jahrhunderten nach Christus in die Hunderte gegangen sein. Sie überwucherten förmlich das klassische konfuzianische Schrifttum. Das kam vor allem darin zum Ausdruck, daß sie sich — wie schon die Anhänge und Tafeln zum »Buch der Wandlungen« — als eine Art »Kommentare« zum besseren Verständnis der Klassiker ausgaben. In ihren Titeln erscheint daher an erster Stelle fast regelmäßig der Name einer der wenigen tatsächlich anerkannten konfuzianischen Klassiker, auch wenn sie mit diesen Klassikern selbst nicht mehr das geringste zu tun hatten. Sie wurden daher auch als »Kettfädenbücher« bezeichnet, in Anlehnung an die chinesische Bezeichnung für »Klassiker«, die eigentlich mit »Leitfadenbücher« zu übersetzen wäre. Nicht alle diese Schriften waren freilich prognostisch, oder besser: sie waren es nicht in allen ihren Teilen. Im Mittelpunkt stand vielmehr immer die Verwebung von Natur- und Menschenwelt. Die Abgrenzung zwischen erstens den ausschließlich prophetischen Schriften, die als »Orakelsprüche« *(ch'an)* bezeichnet wurden, zweitens den vielgestaltigen sogenannten »Tafeln« *(t'u)*, die von Bildern bis zu Diagrammen gereicht haben müssen, und drittens schließlich den »Kettfäden«-Büchern *(wei)* im allgemeinen, denen, den Titeln nach zu urteilen, solche Tafeln sehr oft beilagen, ist heute jedoch nur noch schwer möglich. Der unmittelbare Einfluß, den diese Woge von Schrifttum aus dem Nirgendwo auf die Politik der damaligen Zeit hatte, war geradezu phantastisch. Es ist ohne weiteres einzusehen, daß bereits die Grundidee des religiösen Konfuzianismus, nämlich die angeblich entdeckte Wechselbeziehung zwischen Natur und Geschichte, zumindest teilweise politischen Motivationen entsprang. Sie gab nämlich der gelehrten Beamtenschaft des Han-Hofes ein Werkzeug in die Hand, um — ähnlich wie es die Orakelpriester der längst versunkenen Shang-Dynastie mit ihren Königen getan hatten — die anfangs recht autoritär regierenden Han-Kaiser zu überwachen und zu gängeln. Manche der Kometen beispielsweise, von deren Erscheinen man den Kaisern warnend berichtete, können, wie man astronomisch eindeutig nachgewiesen hat, gar nicht existiert haben. Mit mysteriösen heiligen Texten, die man immer im geeignetsten Augenblick auftauchen lassen konnte, war natürlich noch viel leichter und noch viel gezielter Politik nach jeder gewünschten Richtung hin zu machen, auch und gerade wenn diese Texte — wie wohl alle prognostischen Texte in der Welt — stets sehr zweideutig in ihrer Aussage waren. Wir besitzen von den »Kettfäden-Büchern« und den in ihnen enthaltenen prophetischen Sprüchen im wesentlichen nur noch — allerdings sehr zahlreiche — Fragmente, die erst in den letzten zwanzig Jahren die Aufmerksamkeit der Sinologie auf sich gezogen haben, obwohl schon 1920 der berühmte französische Sinologe Pelliot auf sie hingewiesen und ihre Vernachlässigung bedauert hatte. Aus mehreren (interessanterweise übrigens häufig auch in Japan erschienenen) Sammlungen und einigen wenigen Bearbeitungen können wir uns jedoch ein ungefähres Bild von dem Stil und der Vortragsweise dieser Schriften machen. Wie bei allen Prophetien ist ihre Aussage natürlich dort am bedeutsamsten, wo sie auf die Namen von Personen und auf Datierungen eingeht. Denn nur daraus konnten sich ja unmittelbare Hoffnungen und Ansprüche ableiten lassen. Für die Datierungen griff man nun sehr oft entweder auf Zahlenkombinationen oder auf Farben und Tiernamen zurück, weil die chinesischen Jahre nach einem zwölfteiligen Tierkreis und nach Farbkorrespondenzen bezeichnet werden. Um Namen auszudrücken, bediente man sich dagegen fast regelmäßig einer eigentümlichen, in dem Maße wohl nur im Chinesischen durchführbaren

Methode: Man präsentierte nämlich die Namen entweder aufgelöst in die Bestandteile, in die sich die betreffenden Namenszeichen graphisch zerlegen lassen, oder einfach als Zeichen mit gleicher Lesung aber anderer Bedeutung. Die Namen in den prophetischen Sprüchen tauchten demnach in einer merkwürdigen Kombination von Lautrebus und Bilderrätsel auf, die nicht selten noch durch Diagramme oder Bilder ergänzt wurden.

Um wenigstens einen ungefähren Eindruck von der Art dieser Wahrsagesprüche zu geben, wollen wir uns vorstellen, die zwiespältige Rolle Bismarcks unter Wilhelm I. von Preußen hätte in solchen prophetischen Sprüchen nach dieser chinesischen Methode »vorausgesagt« werden sollen: Man hätte dann vielleicht einen roten Tiger, ein Schaf und einen behelmten Mann im Bilde dargestellt und dazu den Spruch gesetzt:

Ein roter Tiger jagt ein weißes Lamm.
Ein Mann, bis ins Mark aus Eisen,
unter einem Helm von Willen,
zerteilt ein Reich und eint ein Reich.

»Roter Tiger« und »weißes Lamm« würden die Jahre 1866 und 1871 repräsentieren, die nach chinesischer Zählung ein rotes Tiger- beziehungsweise weißes Schaf-Jahr waren, die Ausdrücke »bis ins Mark« und »Helm von Willen« würden die Namen Bismarck und Wilhelm wiedergeben, und der letzte Vers würde die politische Veränderung anzeigen. Der Unterschied gegenüber dem Chinesischen bestünde lediglich darin, daß eine solche Auflösung der Namen sich im Deutschen eben nur sprachlich durchführen läßt, im Chinesischen aber auch graphisch. So wurde zum Beispiel der Machtantritt des ersten Kaisers der Wei-Dynastie (220–264), der den Namen Ts'ao P'i trug, durch die folgende Prophezeiung angekündigt: »Die Sonne trägt den Osten und schneidet ab das Feuer. Das glänzende Nein gründet sich auf den Boden der Eins, der Held ist klar.« Hier repräsentiert der Ausdruck »Sonne trägt den Osten« den Namensbestandteil Ts'ao, dessen unterer Teil das Zeichenelement »Sonne« einnimmt, während der obere eine gewisse Ähnlichkeit mit einem doppelt geschriebenen Zeichen für »Osten« hat. Der Ausdruck »Nein gründet sich auf den Boden der Eins« umschreibt den Namensbestandteil P'i, der sich aus einem oberen Element mit der Bedeutung »Nicht« und einem unteren mit der Bedeutung »Eins« zusammensetzt. »Schneidet ab das Feuer« schließlich hieße soviel wie: »Er wird die Dynastie der Han zerstören«, weil die Han angeblich unter dem Schutz der kosmischen Kraft des Feuers regieren.

Sprüche dieser Art gab es freilich schon viele Jahrhunderte früher; sie waren ein Mittel der, wenn man will, psychologischen Kriegsführung, das sich bis ins 5. vorchristliche Jahrhundert zurückverfolgen läßt und die chinesische Geschichte bis in die Moderne hinein begleitet hat. So soll zum Beispiel Hung Hsiu-ch'üan (1812–1864), der Führer des Taiping-Aufstandes, der 1850–1864 in Südchina wütete und 20 Millionen Menschen das Leben kostete, durch einen Kinderreim dem Volk vorausgesagt worden sein, der sich etwa folgendermaßen übersetzen läßt:

»*Dreimal acht* und *zwanzig-ein*,
Körner sind doch Leckereien.
Ein *Mann* auf *einem Erdkloß* sitzt,
er wird Euch Volkes Spitze sein.« (Abb. 5)

Abbildung 5: »Zerlegung« komplizierter chinesischer Schriftzeichen in einfacher gebaute zur Erzielung einer neuen Bedeutung oder, wie hier, zur Umschreibung eines Personennamens.

Die Zeichen »drei«, »acht«, »zwanzig«, »eins,« »Körner«, »sind«, »Mann«, »ein« und »Erde« ergeben nämlich, wenn man sie auf besondere Weise zusammenschreibt, den Namen Hung Hsiu-ch'üan. Kinderreime, die einerseits sehr leicht aus der Anonymität heraus eingeschleust werden konnten, andererseits durch den unschuldigen Vortrag der Singenden den Hauch von etwas Übernatürlichem hatten, waren die bevorzugten Ausdrucksformen für solche Propagandalieder, um so mehr, als »die auf der Straße gesungenen Lieder« von jeher als unverfälschtester Ausdruck der kritischen »Vox populi« und der richtenden »Vox dei« in den konfuzianischen Klassikern gepriesen wurden. Daß sehr ähnliche Sprüche auch in schriftlicher Form verbreitet und zu einer ganzen Literaturgattung ausgearbeitet wurden, geschah aber erst seit dem ersten vorchristlichen Jahrhundert.

Wie aus der gerade zitierten Prophezeiung über den Machtantritt des ersten Wei-Kaisers Ts'ao P'i hervorgeht, wurde das Instrumentarium des religiösen Konfuzianismus, das von der Einheit der Ereignisse in Natur und Politik ausging und neben den prognostischen Texten ja auch die gezielte Deutung von Naturerscheinungen hervorbrachte, im Laufe der Zeit nicht nur von der Beamtenschaft gegen die Kaiser angewendet, sondern bald auch von den Kaisern gegen andere Thronprätendenten und damit zugleich nicht selten gegen die eigenen Untergebenen. Durch die immer größere Verbreitung dieser delikaten geistigen

Waffe verlor sie jedoch nicht nur allmählich an Wirksamkeit, sondern es wurde auch immer deutlicher, wie leicht sie sich gegen ihre ursprünglichen Erfinder richten konnte. Seit der Zeit um Christi Geburt entwickelte sich daher unter den Konfuzianern eine Bewegung *gegen* die Lehren des religiösen Konfuzianismus und damit zugleich auch gegen die prophetischen Texte. Es dauerte einige Jahrhunderte, bis sich dieser rationale Konfuzianismus durchsetzen konnte, der tatsächlich wieder auf die ursprüngliche, nüchtern-unreligiöse Lehre eines als Menschen gesehenen Konfuzius zurückgriff. Denn nun waren es die Kaiser, die zunächst nicht mehr auf dieses Mittel der psychologischen Kriegsführung verzichten wollten. Im Jahre 217 aber erging das erste strenge Verbot der Obrigkeit gegen alle »Kettfäden-Bücher« einschließlich aller prophetischen Schriften und magischen Tafeln, ein Verbot, das seither in regelmäßigen Abständen bis in unsere Tage hinein wiederholt wurde. Dieser scharfen Verurteilung sind nahezu alle alten prognostischen Schriften zum Opfer gefallen, so daß wir uns heute fast ausschließlich mit Fragmenten — und das heißt in den allermeisten Fällen: mit Zitaten aus zweiter und dritter Hand — zufrieden geben müssen. Eines dieser Zitate, das sich in der offiziellen Biographie eines Staatsmannes namens Wang Shih-ch'ung (gestorben 621 nach Christus) befindet, erwähnt einen auch sonst wiederholt genannten Weissage-Text, der, wie sein Titel *K'ung-tzu pi-fang chi* (»Im geschlossenen Gemach [abgefaßte] Niederschriften des Konfuzius«) bereits besagt, keinem geringeren als Konfuzius selbst zugeschrieben wurde. Aus der dazugehörigen Anekdote ist ableitbar, daß dieses Buch, das als ältester namentlich bekannter prognostischer Text gilt, schon Bilder, und nicht nur Diagramme enthalten haben muß. Es wird nämlich in der Biographie berichtet, daß Wang Shih-ch'ung, ehe er den schließlich fehlschlagenden Versuch unternahm, sich selbst zum Kaiser zu machen, einen Taoisten um Rat fragte. Der Taoist ermittelte in dem *K'ung-tzu pi-fang chi* für die direkt bevorstehende Zukunft ein Bild, das einen Mann zeigte, der mit einer Stange *(kan)* ein Schaf *(yang)* antreibt und deutete es in der Weise, daß eine Kaiserfamilie Wang (wie *Wang* Shih-ch'ung) eine Kaiserfamilie Yang (die regierende Familie der gerade gestürzten Sui-Dynastie [581–618]) vertreiben und ihr folgen werde, weil das Zeichen »eine« und der untere Teil des Zeichens »Stange« zusammen das Zeichen Wang ergebe, und das Zeichen »Schaf« mit dem (allerdings ganz anders geschriebenen) Zeichen für den Familiennamen Yang der Sui-Herrscher gleichlautend sei. Gerade diese Anekdote macht allerdings auch nur allzu deutlich, in welch gefährlicher Weise diese Texte tatsächlich gegen die Obrigkeit gewendet werden konnten.
Der Kampf gegen die Weissage-Texte ist deshalb so bedauerlich, weil dadurch die gesamte chinesische Geistesgeschichte schon zu einer sehr frühen Zeit einer ganzen Dimension beraubt wurde, der Dimension eines Geschichtsbildes nämlich, das aus ihrer Zielgerichtetheit auch ihre Sinnhaftigkeit empfängt. Denn nicht alle diese prophetischen Texte waren unmittelbar auf die Durchsetzung politischer Ziele zugeschnitten, *vor* deren Erreichung sie als indirekte Propaganda und *nach* deren Erreichung sie als erfüllte Weissagung erschienen. Denn in vielen dieser Schriften keimten die Wurzeln einer Geschichtsphilosophie, die vielleicht zwar religiös-phantastisch, in jedem Falle aber tiefer war, als das, was der rationale Konfuzianismus, der seit dem 6. Jahrhundert immer mehr die Führung übernahm, je zustande brachte. Eine höchst interessante geistige Strömung, die der Geschichte Chinas, namentlich im letzten Jahrtausend, vielleicht einen anderen, weniger ebenmäßigen, dafür aber dynamischeren Lauf gegeben hätte, wurde dadurch in den Untergrund getrieben. Sie hatte dort zwar die Chance, sich mit verschiedenen westlichen Religionen, denen ein ähnliches Schicksal widerfuhr, zu vereinen, im Grunde aber läßt es sich nicht leugnen, daß sie durch diese Isolierung auch in vieler Hinsicht Schaden erlitt. Es ist daher sicherlich kein Zufall, daß die frühesten Ansätze zu einer Modernisierung Chinas im 19. Jahrhundert mit einer Wiederbelebung des religiösen Konfuzianismus zusammenfallen. Und es ist andererseits gewiß ebenso wenig ein Zufall, daß um dieselbe Zeit in zunehmendem Maße auch wieder prophetische Texte, die ganz und gar dieser Tradition zuzurechnen sind, an die Oberfläche traten. Seit der Jahrhundertwende wurden sie nicht nur in China, sondern auch in Japan, dessen Geschichtsentwicklung ohnehin immer sehr viel vehementer verlaufen und dessen Geschichtsbild daher von Natur aus auch dynamischer angelegt war als das chinesische, zu wahren Bestsellern. Anfang der Zwanzigerjahre gab es in China an verschiedenen Stellen des damals sehr zerrissenen Landes, namentlich in Peking und in der Provinz Ssuch'uan, religiöse Sekten, die eine Art Weltende voraussagten und sich zum Beweis ihrer Prophezeiungen auch prognostischer Schriften bedienten. Aber auch schon früher wurden diese Texte wieder eifrig diskutiert. So berichtet Richard Wilhelm in seinem Buch »Die Seele Chinas« sehr eindrucksvoll über ein Gespräch, das er 1912/13 in Tsingtau, das damals zu einem Zufluchtsort vieler kaisertreuer Literaten geworden war, im Kreise eines Abtes, eines Geomanten und anderer klassisch gebildeter Gelehrter führte: »Man kam auf die Zukunft zu sprechen. Der Abt erwähnte ein Buch mit alten Prophezeiungen von der Art des Nostradamus. Es enthält merkwürdige Bilder mit beigefügten Gedichten in unregelmäßiger Reihenfolge. Es ist unmöglich, die Bedeutung der Bilder und Sprüche zu verstehen, ehe das Ereignis, auf das sie sich beziehen, eingetroffen ist. Ist es aber eingetroffen, so passen die Prophezeiungen in geradezu frappanter Weise. Doch ist die Reihenfolge der Bilder und Sprüche nicht zeitlich geordnet. ›Trotzdem darf

man die Prophezeiungen nicht zu mechanisch auffassen‹, warf der Geomant ein. ›Im Zusammenwirken der Kräfte des Weltalls gibt es sozusagen Verknotungen, an denen sich krisenartig gewisse Richtungen für die Zukunft herausbilden. Wer die augenblicklich wirkenden Kräfte versteht, kann wohl solche Richtungen auch schon im voraus schauen. Aber die Richtungen sind nie bis ins Einzelne bindend. Durch die menschliche Freiheit kann manches umgewandelt und verändert werden.‹ Der Abt erzählte darauf, er habe Kunde von anderen Weissagungen, daß nächstens ein neues Reich auf Erden beginnen werde. Es werde verschieden sein von allen, die bisher gewesen, zum ersten Mal werde es die ganze Erde umspannen und nicht beschränkt bleiben auf die eine Hälfte. Das Heil, das kommen solle, werde für alle sein. Es werde sich zeigen in der Liebe zu den Menschen, auch zu den geringen. Der es bringen werde, werde mit göttlicher Autorität umgeben sein, so daß die Leute ihm glauben würden ohne Kampf.«

2. Das T'ui-pei-t'u

Erhaltene Weissage-Bücher und das T'ui-pei-t'u

Die historische Übersicht über die Entwicklung der prognostischen Texte in China zeigt, daß es hinsichtlich ihrer äußeren Gestaltung grundsätzlich zwei verschiedene Arten gab: solche mit Diagrammen oder Bildern, für die offensichtlich, trotz ihres prinzipiell anderen Charakters, das »Buch der Wandlungen« mit seinen Hexagrammen und andere, bereits mit wirklichen Illustrationen versehenen Orakelbücher das Vorbild abgegeben hatten, und solche, die sich auf die schriftliche Mitteilung allein beschränkten. So häufig die mit Diagrammen und Bildern versehenen Weissage-Bücher ursprünglich auch gewesen sein müssen, sie bildeten doch gegenüber den rein sprachlichen eine Minderzahl. Es ist daher nur natürlich, daß sich von ihnen auch nur ganz wenige in die Gegenwart gerettet haben, während von den nicht mit Bildern ausgestatteten immerhin noch relativ viele vorliegen. Das gilt vor allem für die »Kettfäden-Bücher« im allgemeinen, die ja nur sporadisch Weissagungen enthalten. Sie bilden, nachdem sie in den letzten Jahrzehnten erneut die Aufmerksamkeit auf sich gezogen haben und teilweise aus Fragmenten zusammengestellt worden sind, bereits wieder eine recht umfangreiche Literatur. Die Zahl der prophetischen Texte im engeren Sinn aber, vor allem solcher, die den Ablauf der gesamten Menschheitsgeschichte vorauszusagen suchten, erscheint dagegen immer noch verhältnismäßig klein.

Am bekanntesten und einflußreichsten unter den erhaltenen, nicht illustrierten Weissage-Texten ist das *Shao-ping ko* (»Kuchenback-Gesänge«). Es wurde von der Tradition ursprünglich dem taoistischen Staatsmann Chang Chung (14. Jahrhundert) zugeschrieben, der dem ersten Kaiser der Ming-Dynastie, Ming T'ai-tsu (regierte 1368–1398), bei der Gewinnung des Thrones geholfen haben soll. Später, seit Ende des vergangenen Jahrhunderts, nannte man dann als Autor den aus etwa der gleichen Zeit stammenden anderen Berater dieses Kaisers, Liu Chi (1311–1375). Er wird bis auf den heutigen Tag mit Weissagungen zum Teil auch sehr dubioser Art in Zusammenhang gebracht: So wußte zum Beispiel noch 1968 (während der Kulturrevolution) eine Hongkonger Zeitung zu berichten, daß angeblich kurz zuvor an zwei Stellen auf dem chinesischen Festland geheimnisvolle Inschriftensteine mit Voraussagen Liu Chis entdeckt worden seien, die sich ganz offensichtlich auf die heutige Gegenwart und unmittelbare Zukunft bezögen und ihr ein kritisches Zeugnis ausstellten.

Von Chang Chung, der wegen seiner besonderen Kostümierung als Taoistenpriester den Beinamen »Eisenhut« (T'ieh-kuan tao-jen) trug, soll aber auch ein dreibändiger illustrierter prognostischer Text erhalten geblieben sein, der in einer seltenen bibliophilen Sammlung chinesischer Weissage-Bücher, die 1935 in Japan erschien, wiedergegeben ist. Er trägt den Titel *T'ieh-kuan tao-jen t'u-shuo* (»Tafeln und Worte des Taoisten Eisenhut«) und enthält eine Zusammenstellung von Zeichnungen und Sprüchen verschiedener, zum Teil beträchtlicher Länge. Bei den Bildern, die ein wenig uneinheitlich wirken, fallen zwei auf, die einen nach unter wachsenden Baum und damit zugleich eine Art »verkehrte Welt« — ein für die chinesische Malerei ungewöhnlich seltenes Motiv — darstellen (Abb. 6). Es darf als sicher gelten, daß derartige illustrierte Schriften, die sich natürlich stets gerne den Namen eines berühmten Propheten liehen, ständig im Lande kursierten. In einer Liste verbotener Bücher, die Ende des vergangenen Jahrhunderts von der Mandschuregierung an alle Buchhandlungen ausgegeben wurde (vergleiche A. Wylie, *Notes on Chinese Literature*, Shanghai 1867), finden sich sechs, die den Ausdruck »Tafel« im Titel führen: Bei einigen von ihnen könnte es sich durchaus um solche illustrierte Prophezeiungen gehandelt haben.

In deutlichem Gegensatz zu diesen Schriften, die offensichtlich letzten Endes doch nur ein recht ephemeres Dasein führten und, selbst wenn man geneigt wäre, die ihnen zugeschriebene Autorschaft zu akzeptieren, nicht älter als ein halbes Jahrtausend sind — in Wirklichkeit aber kaum älter als ein halbes Jahrhundert —, steht ein Text, der zumindest mit seinem

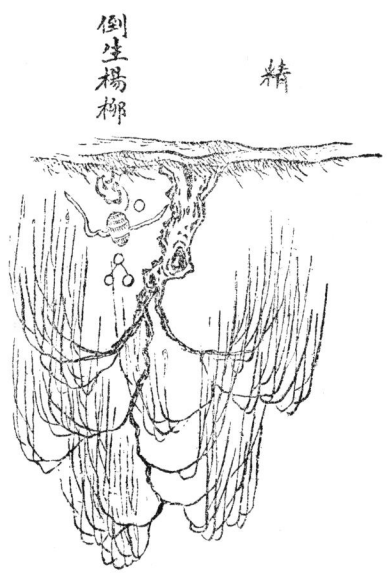

Abbildung 6: Ein Bild aus dem Weissage-Text des »Taoisten Eisenhut«, in dem eine »Verkehrte Welt« dargestellt ist.

Abbildung 7: Portraits der beiden angeblichen Autoren des *T'ui-pei-t'u* in Manuskript *A 1*. Yüan T'ien-kang links, Li Ch'un-feng rechts.

Namen die chinesische Geschichte über ein Jahrtausend hin begleitet hat und in gewisser Weise als exemplarisch für alle mit Bildern versehenen chinesischen Weissage-Bücher gelten kann: das *T'ui-pei-t'u*. Er ist der bekannteste und anerkannteste erhaltene prophetische Text, den China hervorgebracht hat, ein Text, von dem ein sinologisch gebildeter Missionar (Arthur H. Smith in *Proverbs and Common Sayings from the Chinese*) Ende des vergangenen Jahrhunderts wohl mit Recht gesagt hat, daß er »beim chinesischen Volk dieselbe Bedeutung hat wie die Apokalypse des Heiligen Johannes bei den christlichen Nationen.« Der Titel dieses Buches wäre, wenn man ihn unbefangen der Tradition folgend übersetzte, etwa mit »Rückenstoß-Tafel« oder »Die Rückenklopf-Tafeln« wiederzugeben. Das Buch wird nämlich zwei — im übrigen einwandfrei historischen — Persönlichkeiten zugeschrieben, und zwar dem in der T'ang-Dynastie (618—907) lebenden Hofwahrsager Yüan T'ien-kang (gestorben 627) und seinem sehr viel jüngeren Freund, dem Mathematiker und Hofastrologen Li Ch'un-feng (602—670) (Abb. 7). Die Legende, die in den offiziellen Biographien der beiden Männer keine Bestätigung findet, berichtet, daß die beiden Männer das Buch auf Anregung des berühmten Kaisers T'ai-tsung (regierte 627—649) (Abb. 8) in der Weise verfaßt

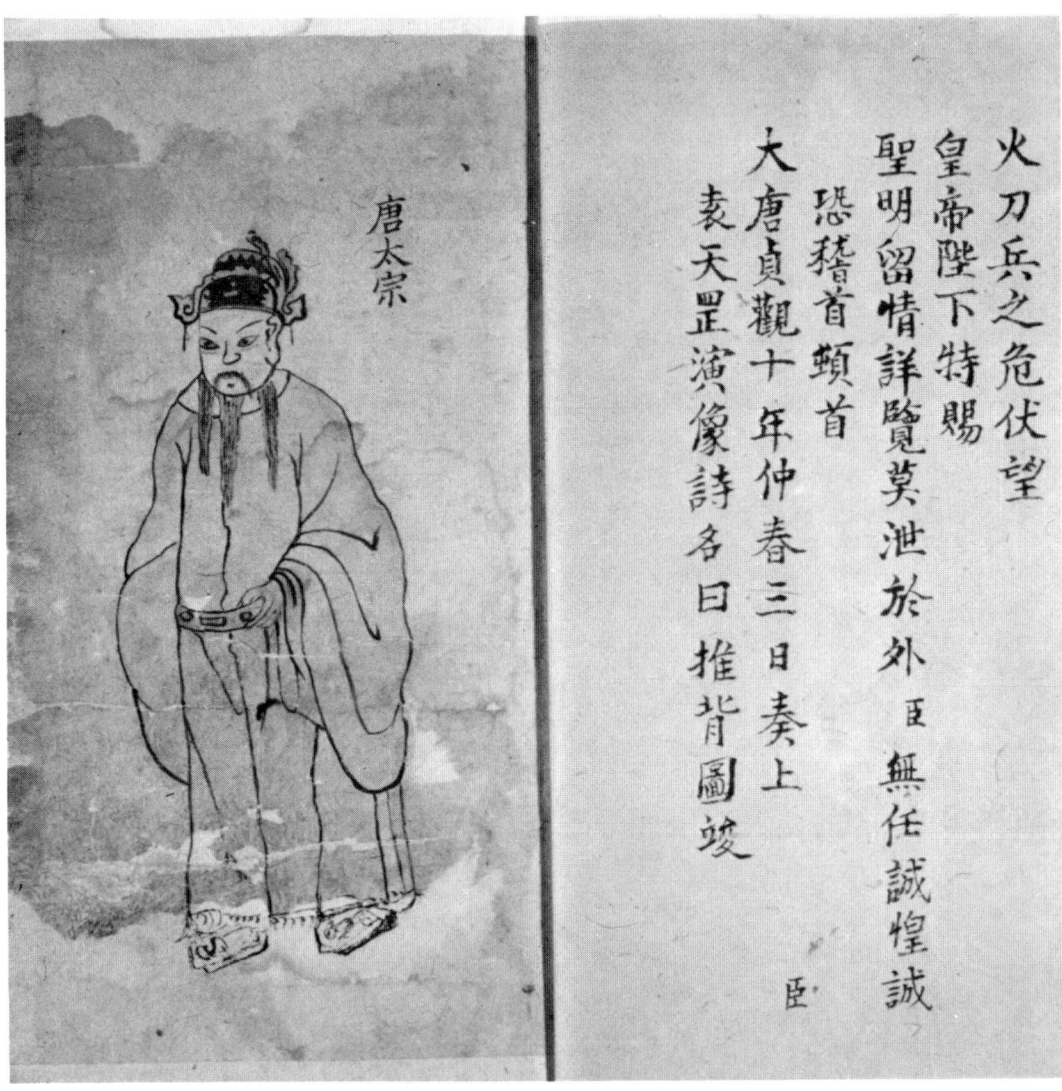

Abbildung 8: Portrait des T'ang-Kaisers T'ai-tsung, der das *T'ui-pei-t'u* in Auftrag gegeben haben soll. Aus Manuskript A 1.

haben sollen, daß Yüan die Bilder und Li unabhängig davon die dazugehörigen Sprüche zu Papier brachte. Beim 60. Bild habe dann Yüan dem Li einen freundschaftlichen Stoß in den Rücken gegeben und ihn damit zum Einhalten bewogen. Nach dieser Begebenheit habe das Buch seinen Namen erhalten.

So sehr die Autorschaft und die Umstände der Entstehung des Buches, so wie sie hier geschildert werden, in Zweifel zu ziehen sind, so wenig kann ausgeschlossen werden, daß es tatsächlich noch aus der T'ang-Zeit oder spätestens aus der darauffolgenden Zeit der »Fünf Dynastien« (906—960) stammt. Es wird nämlich namentlich bereits in einem Geschichtswerk des frühen 13. Jahrhunderts, dem *Ch'eng-shih* des Yüeh K'o (1183—1234) erwähnt. Es heißt dort, daß es vom ersten Kaiser der Sung-Dynastie (960—1280) T'ai-tsu (regierte 960—975) verboten worden sei, weil es einer religiösen Aufstandsbewegung als heiliger Text gedient habe, ein Verbot, das sich angeblich deshalb habe schlecht durchsetzen lassen, weil der Text »schon einige hundert Jahre tradiert und deshalb im Volk in allzu vielen Exemplaren vorhanden« gewesen sei. Auch das »Literatur-Kapitel« in der offiziellen »Geschichte der Sung-Dynastie« (*Sung-shih*) erwähnt das Buch. Demnach muß es also mindestens im 10. Jahrhundert bereits einen Text dieses Namens gegeben haben, dessen Inhalt religiöspolitischer Natur war. Für die Zeit danach ist es durch zwei weitere kaiserliche Verbote aus den Jahren 1284 und 1474 belegt.

Aber auch die rein technische Gestaltung des *T'ui-pei-t'u*, nämlich die Gegenüberstellung von jeweils einem Bild und einem vierzeiligen Gedicht, macht seine Herkunft aus diesem Zeitraum wahrscheinlich. Es sind nämlich aus der Sung-Dynastie — derselben Dynastie also, in der T'ai-tsus Verbot erging — geschlossene Orakelspruchsammlungen nach Art des »Buchs der Wandlungen«, die aber nicht mit Diagrammen, sondern mit Bildern ausgestattet waren, überliefert, deren ganze Anlage, namentlich hinsichtlich der Bild-Spruch-Kombination, dem *T'ui-pei-t'u* wie man es heute kennt, zum Verwechseln ähnlich sieht. Nun sind allerdings Wahrsage- und Weissage-Bücher gewiß nicht dasselbe, sondern etwas Gegensätzliches. Sie konnten aber

dennoch, wie bereits früher kurz angedeutet, ineinander übergehen, weil ihnen immerhin oft eines gemeinsam war: der Anspruch, die *Totalität* aller Erscheinungen und Veränderungen in Natur- und Menschenwelt in ihr System eingefangen zu haben. Ebenso wie die 64 Hexagramme des »Buchs der Wandlungen«, von denen jedes ja eine bestimmte Daseinssituation symbolisierte, zuweilen in eine bestimmte Reihenfolge gebracht und diese Reihenfolge dann als einem zeitlichen Ablauf gehorchend ausgelegt werden konnte (wodurch dann plötzlich, wenn man nur eine Situation als »typisch« für die Gegenwart erkannte, die darauffolgende die Zukunft vorhersagte), konnte das auch mit anderen, weniger ehrfurchtgebietenden Orakelspruchsammlungen geschehen. Die Entwicklung der Orakelspruchsammlungen und die der prognostischen Texte, und zwar derjenigen, die nicht nur ein kurz bevorstehendes Ereignis, sondern die Menschheitsgeschichte als ganzes voraussagen wollten, läuft daher, angefangen mit dem »Buch der Wandlungen«, in gewisser Weise parallel. Was das *T'ui-pei-t'u* betrifft, so ist zumindest nicht auszuschließen, daß es auf einer der bebilderten zeitgenössischen Orakelspruchsammlungen (Abb. 9) aufbaute, die ihm logisch vorangingen. Die verblüffende Ähnlichkeit zwischen seinem äußeren Erscheinungsbild und dem der ältesten illustrierten Orakelspruchsammlungen legt aber auch ein in etwa gleiches Entstehungsdatum nahe. Das gilt um so mehr, als sich Orakelspruchsammlungen mit Bildern, auf die es hier ja entscheidend ankommt, in späterer Zeit in China selbst — im Gegensatz zum stets konservierenden Japan (Abb. 10) — gerade nicht mehr oder nur sehr vereinzelt gehalten haben: Nahezu alle auf solche Sammlungen zurückgehenden Orakelzettel, die bis auf den heutigen Tag den Gläubigen, die ein Orakel geworfen oder gezogen haben, in Tempeln in Hongkong, Formosa und Singapur ausgehändigt werden, sind nämlich unbebildert. Man kann also mit einiger Vorsicht folgern, daß gerade die Zusammenstellung von Bildern und Sprüchen, die — wie wir gesehen haben — schon die ältesten prophetischen Texte gekennzeichnet zu haben scheint, auch beim *T'ui-pei-t'u* auf ein hohes Alter schließen läßt.
Eine ganz andere Frage ist freilich, inwiefern die uns heute bekannte Version des *T'ui-pei-t'u* mit der in den überkommenen Schriften erwähnten wirklich übereinstimmt. Alles spricht dafür, daß das gerade *nicht* der Fall ist, daß nicht die einzelnen Sprüche und Bilder, sondern nur eine gewisse Tradition, die vergangene und zukünftige Geschichte nach Art eines sich ständig wandelnden Textes namens *T'ui-pei-t'u* in Bildern und Sprüchen einzufangen, über die Jahrhunderte weitergegeben wurde. Wir haben hier also kein inhaltlich eindeutig festgelegtes Buch vor uns, sondern ein molluskenhaftes Gebilde, das sich in verschiedenen Zeiten ein immer wieder anderes Aussehen gab und dem damit eine Wandlungsfähigkeit

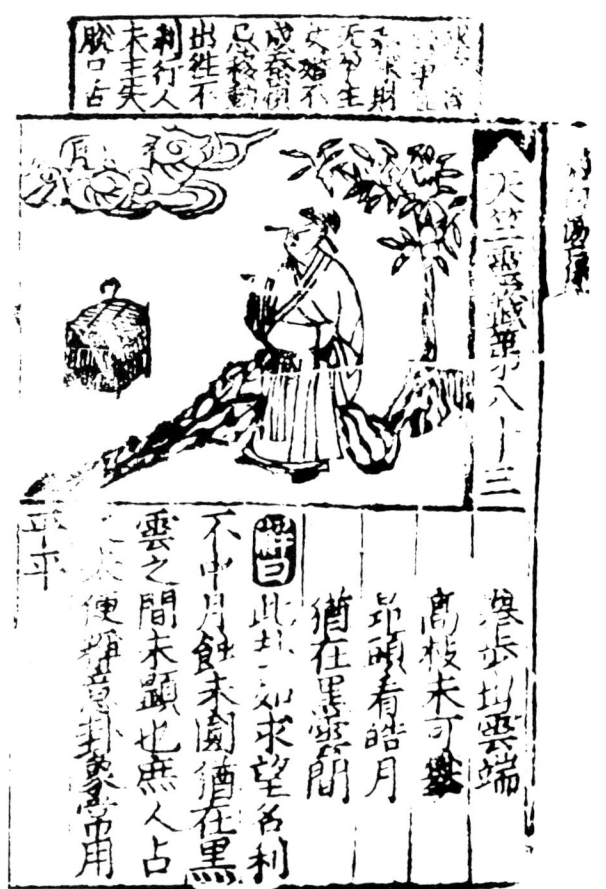

Abbildung 9: Seite aus einer Orakel-Spruchsammlung aus der Sung-Zeit (960—1280), die als Vorbild für illustrierte Weissage-Texte von der Art des *T'ui-pei-t'u* gedient haben kann.

eignete, die es vorwiegend der Tatsache verdankte, daß es bis in die jüngere Zeit hinein nur in Form von Manuskripten und auf fliegenden Blättern überliefert wurde: So war es zwar bekannt, aber auch wieder nicht zu sehr. Man hatte zwar einzelne Bilder gesehen und von einzelnen Sprüchen gehört, über ihre Gesamtheit und ihre Reihenfolge blieb man jedoch gemeinhin in Unkenntnis.
Diese frühesten Versionen des Textes in Manuskriptform sind heute außerordentlich selten und über die ganze Welt verstreut. Ihre jeweilige Entstehungszeit zu bestimmen ist, da sie ausnahmslos nicht datiert sind, sehr schwierig. Einen gewissen Hinweis geben jedoch innere Kriterien. So enthalten alle Manuskripte bereits ein Bild, auf dem acht bunte Fahnen abgebildet sind (Vergleiche Anhang Station 41) — ein eindeutiger Hinweis auf den Machtantritt des Mandschus im Jahre 1644, deren Adel nach den sogenannten »Acht Bannern« organisiert war.
Will man dem Text nicht von vorneherein prophetischen Charakter zuerkennen, so hat man damit einen gesicherten *terminus post quem*, das heißt, seine ältesten *erhaltenen* Ausgaben müssen *nach* 1644 kompiliert worden sein, selbst wenn viele Bilder aus noch sehr viel älteren Ausgaben übernommen worden sein mögen. Es ist sogar wahrscheinlich, daß das Buch in der ältesten vorliegenden Form eine Fabrikation

der »Ming-Loyalisten« war, jener politischen Gruppen in der Bevölkerung, die das dem chinesischen Reich auferlegte mandschurische Joch nicht so leicht ertrugen und ihre patriotischen Befreiungsbewegungen unter der Devise »Wiederbelebung der Ming-Dynastie« laufen ließen. Die bisher bekannten Manuskripte freilich, die außerhalb Chinas selbst wohl kaum mehr durch wesentliche Funde zu ergänzen sein werden, dürften, wenn man die Beschaffenheit des Papiers und die Darstellungsweise der Bilder (die in der im Anhang vollständig wiedergegebenen Ausgabe zum Beispiel stark an Schattenspielfiguren erinnern) in Betracht zieht, nicht einmal mehr aus dem 17., sondern höchstens aus dem 18. Jahrhundert stammen.

Das eigentlich Reizvolle am *T'ui-pei-t'u* besteht nun aber in seinen Veränderungen von diesen frühesten, in Manuskriptform vorliegenden Versionen bis hin zu den modernen, heute noch in Hongkong oder Formosa billig zu kaufenden Druckausgaben. Die Manuskripte enthalten, soweit sie vollständig sind, durchgängig 67 Bild-Spruch-Stationen, die allerdings in den einzelnen Ausgaben in sehr verschiedener Reihenfolge erscheinen. Diese Zahl ist insofern bemerkenswert, als sie völlig aus dem Rahmen jeder zyklisch angelegten Zahlenspekulation, wie es sie in China so viele gegeben hat, herausfällt. Man gewinnt zunächst geradezu den Eindruck, als hätten die Kompilatoren mit Absicht diese nicht recht einzuordnende Primzahl gewählt, um der Einpassung des Buches in andere, nach Perioden angelegte Geschichtsentwürfe einen Riegel vorzuschieben und das Denken in die lineare, von einem einzigen Anfang zu einem einzigen Ende führende Zeitvorstellung zu zwingen. Die letzte, die 67. Station, die demnach so etwas wie ein Weltende darstellen müßte, beweist aber, daß doch wieder das Zyklische, nur eben in einer eigentümlichen Zahlenwahl, die Oberhand behält. Das wird noch dadurch unterstrichen, daß der gesamte Text seinen Namen, von dem wir eine recht späte Erklärung bereits erwähnt haben, aufgrund eben dieser letzten Station erhalten hat. Sie zeigt nämlich im Bildteil in allen Versionen des Textes, auch in denen späterer Stufen, zwei hintereinander stehende Figuren, von denen die hintere die vordere mit den Händen weiterschiebt (Abb. 11). In den jüngeren Textversionen (Stufe B, C, D) ist nun allerdings ein Vers beigegeben, der die Anekdote über die Entstehung des Buches

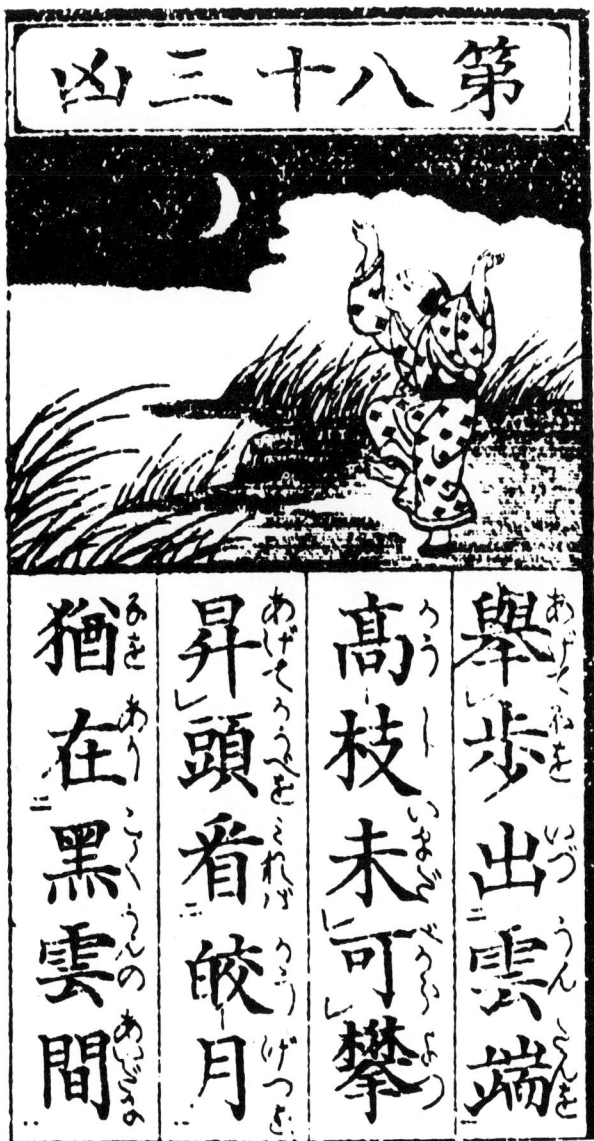

Abbildung 10: Seite aus einer japanischen, nach chinesischem Vorbild gestalteten Orakel-Spruchsammlung.

Abbildung 11: Die letzte Station des *T'ui-pei-t'u* in Text B 1: Zwei Gelehrte stehen hintereinander.

durch die Zusammenarbeit von Yüan T'ien-kang und Li Ch'un-feng zu stützen versucht, indem es dort heißt:

> »Unendlich, unergründlich sind die [vom] Himmel festgelegten Geschicke: In diesem [Buch] haben wir danach geforscht.
> Der Weg der Epochen, Glück und Unglück entstehen nicht nach freiem Willen.
> Zehntausendmal zehntausend, tausendmal tausend Worte können es nicht bis zum Ende beschreiben.
> So ist es wohl das beste, [dem Freunde] auf den Rücken zu klopfen, um es genug sein zu lassen und sich zur Ruhe zu begeben.«

In einigen — allerdings nicht in allen — alten Manuskriptversionen (A2, A3, A5) lesen sich die Verse in ihrem zweiten Teil jedoch sehr viel anders:

»Unendlich, unergründlich sind die [vom Himmel] festgelegten Geschicke. In diesem [Buch] haben wir danach geforscht.
Erfolg und Niederlage, Glück und Unglück entstehen nicht nach freiem Willen.
Ergründend, was den Rücken kehrt, prüfend, was folgt, wird das Kreisförmige sichtbar.
Die von den Himmlischen [gegebene] Fügung rundet sich in der Einheit einer Zeit.«

Dieser Spruch zeigt, daß der Titel des Buches in Wirklichkeit ganz anders aufgefaßt werden muß als es die Überlieferung will. »Ergründend, was den Rücken zeigt« ist nämlich nichts anderes als die Übersetzung der Worte t'ui-pei, die hier in dem Spruch durch den Parallelausdruck »prüfend, was folgt« in der Bedeutung eindeutig festgelegt sind. In der Tat kommt das Wort t'ui, das eben nicht bloß die Bedeutung »klopfen«, »stoßen«, »schubsen« hat, sondern auch die davon abgeleitete, mehr technische »deduzieren«, »berechnen«, bereits in den Titeln sehr alter prophetischer Texte vor und dient auch heute noch als Ausdruck für die Zukunftsberechnung. Betrachtung der Zukunft, die »folgt« und der Vergangenheit, die »den Rücken zeigt«, beide sind damit also als Anliegen des Buches erkennbar gemacht.

Das zu dieser letzten Station gehörige Bild gründete sich also anfangs auf eine Art Wortspiel. Betrachtet man es aber in den älteren Versionen etwas genauer, so erkennt man, daß die Verfasser sich dieses Wortspiels durchaus bewußt waren. Denn nur in den allerjüngsten Ausgaben stehen zwei Personen hintereinander, die man als die Gelehrten Li und Yüan identifizieren könnte. In den meisten anderen dagegen sieht man deutlich, daß es sich bei der hinten stehenden Figur, die der davor stehenden einen Stoß in den Rücken versetzt, um ein *Kind* handelt (Abb. 12). Das Kind aber soll offensichtlich nichts anderes bedeuten als die Zukunft, die sich anschickt, die abgelebte Vergangenheit, die durch die gestoßene erwachsene Figur symbolisiert ist, zu verdrängen. Diese Feststellung ist nicht zuletzt deshalb wichtig, weil sie erkennen läßt, welche Vorstellung die einzelnen Textversionen von dieser Endzeit — die allerdings keine eigentliche Endzeit darstellte, sondern eher das Umschlagen eines großen Endes zu einem großen neuen Anfang — besaßen. In fast allen alten Manuskripten klopft nämlich das Kind einem *Soldaten* auf den Rücken, was nichts anderes bedeutet, als daß die Endzeit durch Krieg gekennzeichnet sein wird. In anderen alten Manuskripten jedoch ist die weiterschiebende Person gar kein Kind mehr, obwohl dennoch der Gedanke, daß hier Vergangenheit und Zukunft hintereinander stehen, offensichtlich erhalten geblieben ist: In einer Version stößt ein Krieger einen anderen Krieger in den Rücken (Abb. 13) — End- und

Abbildung 12: Die letzte Station des T'u-pei-t'u in Manuskript A3: Ein Kind schiebt einen Soldaten weiter.

Abbildung 13: Die letzte Station T'ui-pei-t'u in Manuskript A4: Ein dat stößt einen anderen Soldaten we

Anfangszeit sollen also durch allgemeinen Kampf gekennzeichnet sein. In einer anderen schiebt ein Soldat einen Beamten voran (Abb. 14) — demnach würde also ein Krieg das Neue heraufführen und eine veraltete zivile Ordnung zerstören. Eine Variation dieser Darstellung wurde sogar zur politischen Propaganda benutzt: Eine ungefähr 1938 in Tokyo gedruckte Ausgabe zeigte auf dem Titelblatt einen jungen *japanischen* Soldaten, der einen altmodischen *chinesischen* Beamten weiterstößt (Abb. 15). In wiederum einer anderen, nun auch von den neueren Ausgaben übernommenen Version, stehen schließlich zwei Beamte hintereinander, wodurch — wenn man sie nicht, wie erwähnt, als die beiden angeblichen Autoren des Buches ansehen will — eine rein zivile Machtablösung symbolisiert wäre.

Entwicklungsformen des T'ui-pei-t'u *und die Deutung der Bilder*

Die Interpretation dieser einzigen, allerdings besonders wichtigen Bild-Spruch-Station zeigt bereits, in welch hohem Maße die einzelnen Texte voneinander abweichen konnten. Es lassen sich bei einem eingehenden Vergleich jedoch bestimmte Gruppen voneinander ablösen, die in den Einzelversionen zwar gelegentlich etwas überlappen, mit einer einzigen Ausnahme jedoch (A7) eindeutig für sich allein stehen. Bei der ältesten, durch farbig illustrierte Manuskripte mit 67 Stationen gekennzeichneten Stufe (Stufe A) ist das entscheidende Charakteristikum, daß die Reihenfolge der Bild-Spruch-Kombinationen (nicht dagegen die *Verklammerung* dieser Kombinationen

Abbildung 14: Die letzte Station des *T'ui-pei-t'u* in Manuskript *A7*: Ein Krieger stößt einen Literaten-Beamten weiter.

selbst, die, von wenigen Ausnahmen abgesehen, sehr fest war) ausgesprochen vage ist und ganz offensichtlich immer erst das Ergebnis oft stark schwankender Ausdeutungen des Textes darstellt. Daraus ist wohl auch zu erklären, daß in fast allen Ausgaben die ersten 12 Stationen, die offensichtlich auf die fernste Vergangenheit verweisen und dadurch in gewisser Weise nicht kontrovers waren, in der gleichen Reihenfolge auftreten, im Gegensatz zu denen in der Mitte und am Ende, die immer leicht der Gegenwart oder der unmittelbaren Zukunft zugeordnet und infolgedessen natürlich heiß umstritten sein konnten. Eine direkte oder indirekte (etwa mit zyklischen Zeichen arbeitende) Numerierung der einzelnen Stationen wurde — sicherlich mit Bedacht — vermieden, um dem Text nicht seine immerwährende Aktualität zu rauben. Ist doch auch die schier unerschöpfliche Auslegung unseres »Nostradamus« erst dadurch möglich geworden, daß Nostradamus selbst bekanntlich die Reihenfolge seiner Sprüche am Ende seines Lebens durcheinander gebracht haben soll. In der nächsten Stufe (Stufe B) erscheint das *T'ui-pei-t'u* jedoch in einer ganz anderen Aufmachung. Sie ist nicht nur dadurch gekennzeichnet, daß der Text nun fast ausnahmslos in gedruckter Form (und damit zwangsläufig auch nur noch in Schwarz-Weiß-Fassung ohne Farben) erschien, sondern auch durch seine besondere Anordnung. Die lockere Zusammenfügung der Stationen in Stufe A (zwei der alten Manuskripte dieser Stufe, die dem Verfasser vorlagen, waren bezeichnenderweise auch heute noch einfach auf fliegenden Blättern geschrieben) ist plötzlich einer strengen Ordnung gewichen. Darüber hinaus sind die Stationen auf die Zahl 60 zurückgeschnitten, die dem üblichsten, für Zeitangaben seit jeher verwendeten chinesischen Zeichenzyklus entspricht. Und schließlich erscheinen sie auch gleich auf eine doppelte Weise numeriert: einmal mit gewöhnlichen Zahlen, ein andermal mit eben diesen Zykluszeichen. Um auf die Zahl 60 zu kommen, wurden von den 67 ältesten Stationen acht entfernt und dafür eine einzige neue hinzugefügt, eine Station, die bei näherem Betrachten das Zyklische in dem Buch noch einmal aufs deutlichste unterstreicht: Sie ist nämlich *genau in der Mitte* des Textes als Nr. 30 (Ende der ersten Hälfte) eingefügt und korrespondiert damit genau mit der letzten, durch die Kürzung zur 60. gewordenen Station, in der die zwei uns bereits bekannten hintereinanderstehenden Männer dargestellt sind. Auf diesem somit eingeschobenen 30. Bild (Abb. 16) erscheinen hier nun aber ebenfalls zwei Männer — und zwar zwei Barbaren — die einander den *Rücken zukehren* und damit ein eindeutiges Gegenstück zu den beiden, Gesicht zu Rücken stehenden Chinesen der letzten Station bilden. Daß das kein Zufall ist, wird dadurch bewiesen, daß das Buch (nach Arthur H. Smith, vergleiche oben) im späten 19. Jahrhundert auch als *Tui-pei-t'u* bezeichnet wurde, nämlich als »Rücken-zukehr-Tafeln«; die Entsprechung bezieht sich nämlich auch auf die Lautähnlichkeit der Worte *t'ui* »klopfen« und *tui* »zukehren«, die nur durch Aspiration beziehungsweise Nicht-Aspiration des dentalen Anlauts voneinander unterschieden sind. Durch diese Einschiebung, die wie die Darstellung

Abbildung 15: Die letzte Station des *T'ui-pei-t'u* als politische Propaganda. Titelblatt einer japanischen Ausgabe des *T'ui-pei-t'u* von etwa 1938, das einen japanischen Soldaten zeigt, der einen chinesischen Beamten vor sich her treibt. (Text B 7).

Abbildung 16: In Textstufe B neu hinzugefügtes Bild, das zwei sich den Rücken kehrende Personen zeigt und damit das Gegenstück zum letzten Bild darstellt (Text B 1).

eines *Zurückpendelns*, eines Umschlags im Geschichtsprozeß wirkt, wird das Kreisförmige der historischen Bewegung besonders augenfällig hervorgehoben. Infolge der absoluten Fixierung der Reihenfolge der Stationen in den Texten der Stufe B verlegte sich das Schwergewicht der Interpretation von der unterschiedlichen Anordnung des Textes nun zwangsläufig auf die unterschiedliche Auslegung. In den — nun schon meist gedruckten — Versionen des Textes in der Stufe B finden sich daher regelmäßig Kommentare, die die einzelnen Bilder und Sprüche mit bekannten historischen Situationen identifizieren und damit, gewollt oder nicht, auch die Position der Gegenwart zweifelsfrei bestimmen. Dieses Vorgehen erwies sich freilich, nicht zuletzt gerade wegen der so unausweichlich festgelegten Reihenfolge der Stationen, als ein für den Text nahezu selbstmörderisches Unterfangen. Denn durch die selbst angelegte Fessel, die den Text seines schwebenden Charakters beraubte, ohne den keine Prophezeiung auszukommen vermag, verscherzte er sich bald auch jedes länger andauernde Interesse. Denn so faszinierend es im Augenblick sein mochte, in einer einzigen Bild-Spruch-Kombination die Gegenwart, und in der darauffolgenden die unmittelbare Zukunft wiederzuerkennen, so sehr konnte das Nichteintreffen dieser so geschilderten Zukunft den ganzen Text unglaubwürdig werden lassen.

Es ist daher kein Wunder, daß nach einiger Zeit plötzlich gänzlich neue Versionen des *T'ui-pei-t'u* auftauchten, die außer dem Titel nur noch wenige Stationen mit den alten gemeinsam hatten. Es gab davon zwei: eine sehr weit verbreitete mit 60 Stationen, die etwa in den zwanziger Jahren zum ersten Mal im Druck erschien (Stufe C), und eine kaum bekannte mit 48 Stationen, die 1950 in Taiwan herauskam (Stufe D). Wie die Ausgaben der Stufe B sind auch sie durchnumeriert und mit reichen Kommentaren versehen, die sie jedoch wiederum, gerade wegen der dadurch vorübergehend erzielten Aktualität, nur allzu schnell als überholt erscheinen ließen. Beide Textversionen bedienten sich, um ihre zweifelhafte Authentität zu beweisen, jeweils einer in den Einleitungen dargebotenen — im übrigen sehr ähnlichen — Geschichte über die Herkunft der dem Druck zugrundeliegenden Manuskripte: Der Herausgeber der Version von Stufe D behauptet, daß er sich auf eine handschriftliche Kopie stütze, die sein Urgroßvater vor Jahren von einem Manuskript im Pekinger Kaiserpalast angefertigt habe, während der Herausgeber der Version von Stufe C eine im Faksimile wiedergegebene in (recht merkwürdigem) Englisch geschriebene Erklärung eines gewissen Macon an den Anfang stellt, die besagt, daß dieser Mann, unter dem man sich wohl einen englischen Soldaten vorstellen sollte, den Text 1859 bei der Plünderung des »Sommerpalastes« während des weiten Opium-Krieges 1859 in einem Kästchen mitgenommen und so an die Öffentlichkeit gebracht hätte. Die einzelnen Stufen des Textes, so verschieden sie auch sein mochten, standen allerdings niemals völlig isoliert nebeneinander; sie hatten stets, selbst beim Übergang von Stufe B zu Stufe C, und von dort zu Stufe D noch mehr gemeinsam als bloß den Namen. Ein Blick auf die Tabellen I und II zeigt, wie die Entwicklung des Textes vor sich ging: In Stufe A noch wurden die Bild-Spruch-Stationen nur ständig umgruppiert. In Stufe B (vorbereitet in Text A 7) dagegen griff man erstmalig in den Bestand der Stationen selbst ein, wenngleich nur geringfügig. Beim Übergang zu Stufe C und erneut beim Übergang von Stufe C zu Stufe D merzte man dann aber nicht nur den Großteil der altüberlieferten Stationen aus, sondern zerriß auch manche der bis dahin recht stabilen Bild-Spruch-Kombinationen, ja sogar manche Bildkompositionen. In Stufe D ist infolgedessen der alte Text bereits fast völlig »versickert«: Von seiner alten Fassung tauchen nur noch fünf Bilder, darunter bezeichnenderweise das erste und das letzte, sowie sieben Sprüche auf. Die Möglichkeit, eine relativ große Anzahl von Versionen des *T'ui-pei-t'u* durch mehrere Entwicklungsstadien hindurch zu verfolgen, erlaubt eine Interpretation des Gesamttextes aus zwei Perspektiven, wie sie den chinesischen Schöpfern und Auslegern des Buches, die in der Regel immer nur ein Exemplar kannten, wohl in den seltensten Fällen zugänglich gewesen sein dürfte. Das Reizvolle dieser Betrachtung läßt sich recht einleuchtend an einer Bild-Spruch-Station (Nr. 58) dartun, die während der Bürgerkrieges zwischen der chinesischen Roten Armee und Chiang Kai-shek 1927—36 und 1945—49 eine nicht unerhebliche Rolle in der psychologischen Kriegsführung spielte. Das Bild zeigt drei Berggipfel und darunter vier Meere, die offensichtlich die »Vier Weltmeere« darstellen, die nach traditioneller chinesischer Anschauung die Welt umschlossen und als *pars pro toto* vielfach als Bezeichnung für »die ganze Welt« verwendet wurden. In manchen Ausgaben, so etwa in Manuskript *A 5*, erschienen die Berggipfel nicht kahl, sondern mit grüner Vegetation bedeckt (Abb. 17). Dies gab überraschenderweise Gelegenheit, das Bild gegen Chiang Kai-shek auszulegen: Der Name Chiang Kai-shek läßt sich nämlich, wenn man bei jedem Namensbestandteil die volle Bedeutung des betreffenden Zeichens unterschiebt, »übersetzen«, und zwar als »Krautgepanzerter-Fels«. Chiang Kai-shek wurde damit zu einem Fels, der von einem ansteigenden Meer — nämlich der wie eine Sturmflut aufbrandenen Revolution — überspült werden würde. Die Anhänger Chiang Kai-sheks fanden diese Auslegung immerhin ärgerlich genug, um zu versuchen, sie mit einer Art Gegenpropaganda zu widerlegen: so findet sich in der erst 1950 (also erst nach der 1949 erfolgten Gründung der Volksrepublik China) und zwar in Taiwan erschienenen Textversion der Stufe D eine neue, sehr bezeichnende Bild-Spruch-Station eingefügt: Sie zeigt einen in dem dazugehörigen Gedicht als »riesiger Stein« verherrlichten, geschützt zwischen Bäumen daliegenden Felsen, der in dem beigefügten Kommentar ganz offen mit Chiang Kai-shek identifiziert wird (Abb. 18). Verfolgt man nun aber gerade das Bild, in dem der meerumspülte Fels dargestellt ist durch die vier Textstufen hindurch, so wird einem erst bewußt, von welch veränderlicher Natur diese Bilder überhaupt waren. Nur in Stufe A (dort allerdings durchgängig) erscheint dieses Bild in der eben beschriebenen Form. In Stufe B läßt es sich zwar noch anhand des dazugehörigen Spruches ausmachen, es hat sich aber dort bereits beträchtlich verändert: Zu dem viergeteilten Meer und den drei Felsen ist ein Dämon (erkennbar an dem »gespaltenen« Kopf, der den Hörnern unserer Teufel entspricht) getreten, der an einem menschlichen Kopf nagt und, wie Kopf und Gebeine am Strand zeigen, offensichtlich auch schon einem anderen Menschen zum Verhängnis wurde (Abb. 19). In Stufe C schließlich (in Stufe D taucht es natürlich nicht mehr auf) ist das Bild, das durch die erste Hinzufügung

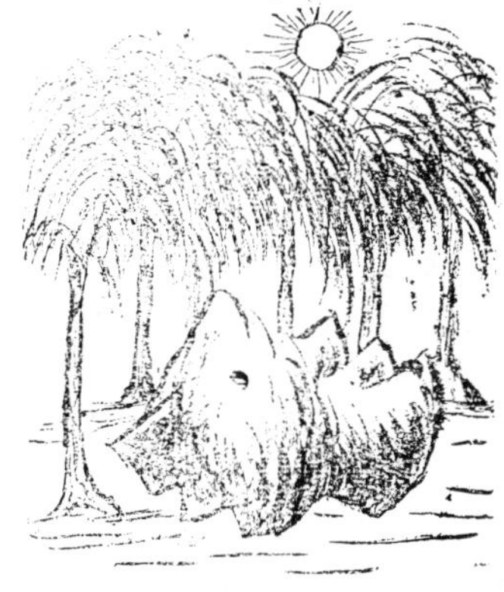

第三十八解

一二三四　無王有主

林間巨石　連治廣土

斷曰

王氣金陵偶失和
猿啼蜀道住山窩
一朝甫聽金雞叫
大海沈沈日已過

祁道人曰。國民革命軍起兵廣州。衆推蔣中正氏爲總司令。既奄有東南諸省。復率師北嚮。其時馮玉祥閻錫山起而響應。遂成北伐之功。蔣爲第一集團軍總司令。馮玉祥爲第二集團軍總司令。閻錫山爲第三集團軍總司令。李宗仁爲第四集團軍總司令。齊集北平。拜祭中山孫先生衣冠塚于香山碧雲寺。迨國民政府統一之局成。以迄倭寇侵華。遷都重慶。抗戰八年。由林森蔣中正兩元勳後先任元首。倭寇投降時。正在蔣任內也。

Abbildung 17: Bild Nr. 58 (in Manuskript *A 5*), das als Darstellung Chiang Kai-sheks gedeutet wurde: Fels (Chiang Kai-shek) vom Meer überschwemmt (Volksrevolution).

Abbildung 18: Bild 38 (in Text *D 1*), das als Gegenpropaganda gegen das in Abbildung 17 gezeigte Bild eingeführt wurde: Fels (Chiang Kai-shek) von Bäumen beschützt.

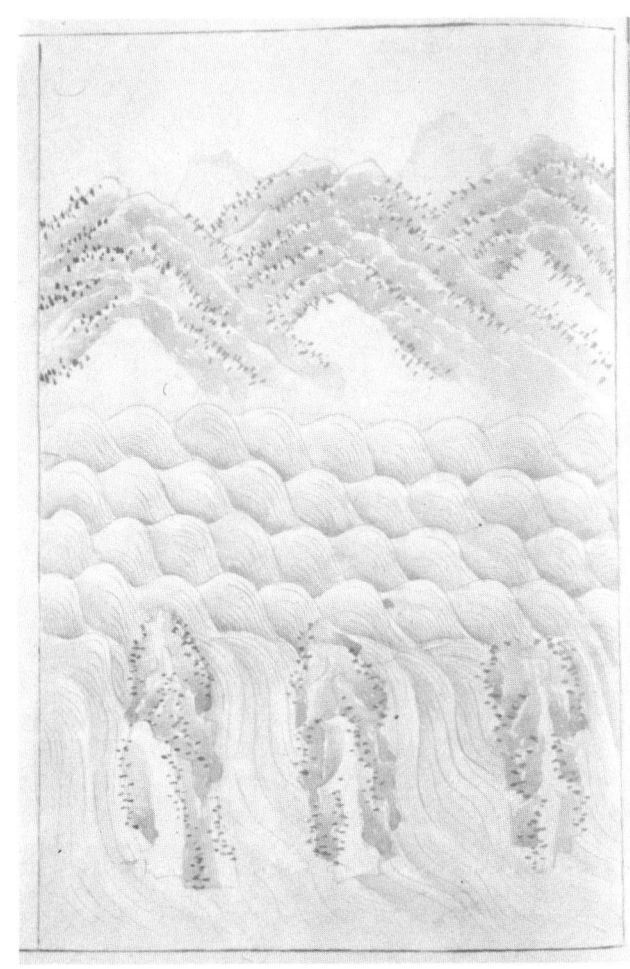

Abbildung 19: Auflösung eines prophetischen Bildes: Die gegenüber der Textstufe A in Stufe B erweiterte Gestaltung des Bildes Nr. 58 (vergleiche Abbildung 17), hier aus Text *B 5*, zerbricht in Textstufe C (vergleiche Abbildungen 20, 21, 22) in drei selbständige prophetische Bilder.

vielleicht schon allzu viele Einzelheiten erhalten und damit überlastet worden war, gewissermaßen explodiert: Es erscheint plötzlich aufgeteilt in drei neue Bilder — und damit natürlich auch in drei neue Stationen — von denen das eine einige von Wasser überflutete Grasbüschel, das zweite Kopf und Gebeine am Strand und das dritte den im Meer stehenden Dämon mit dem Menschenkopf in der Hand (aber ohne Berggipfel im Hintergrund) erkennen läßt (Abb. 20, 21, 22).

Nicht weniger interessant ist die Entwicklung, die ein anderes Bild (Nr. 53) (Abb. 23) durchmachte, das den Kampf eines Chinesen mit einem »Barbaren« zeigt, und damit von besonderem politischen Gewicht war. Das *T'ui-pei-t'u* ist zwar — wie auch alle anderen chinesischen Weissage-Bücher — sinozentrisch, es ignoriert jedoch die China umgebende Welt keineswegs, sondern gerade die Auseinandersetzung mit dem Fremden, die zumindest in der Mandschuzeit nicht wegzuleugnen war und die Popularität des Textes wahrscheinlich in besonderem Maße gewährleistete, ist eines seiner immer wiederkehrenden Motive. In Stufe A sieht man bei Bild 53 einen laubbekränzten, mit Pfeil und Bogen bewaffneten chinesischen Knaben, der von einem Barbaren, der triumphierend über ihm steht, überwältigt worden ist. In allen Texten der Stufe B jedoch und in *A6* und *A7*, die Übergangsformen von Stufe A zu Stufe B darstellen, verkehren sich plötzlich die Positionen, ohne daß übrigens erstaunlicherweise der begleitende Spruch merklich geändert werden mußte: Der laubbekränzte Knabe, der für ein junges, neu erstarktes China steht, ist nicht mehr besiegt, sondern zielt mit seinem wieder ergriffenen Bogen auf den alternden Fremden

Abbildung 20

Abbildung 21

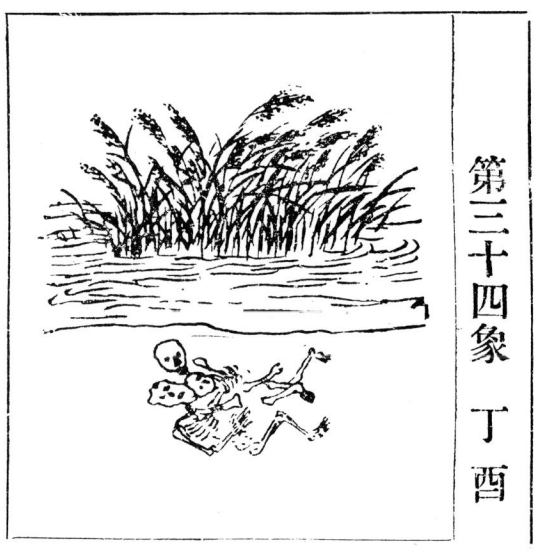

Abbildung 22

(Abb. 24). In den früheren Versionen dieser Neufassung kann man in diesem Fremden vielleicht noch einen Mandschu wiedererkennen, in den neueren Versionen aber ist es bereits deutlich, daß hier der Europäer als der eigentliche Feind des wiedererstandenen China anvisiert wird (Abb. 25, 26).

Natürlich gibt es auch viele Bild-Spruch-Stationen, die sich demgegenüber als ausgesprochen stabil erwiesen und deshalb auch beim Vergleich ihrer Ausgestaltung in den einzelnen Textstufen keine besonders aufschlußreichen Beobachtungen zulassen. Gewöhnlich gehören sie zu den Stationen mit niedriger Nummer, die sich, wie erwähnt, anerkanntermaßen auf bereits Geschehenes bezogen, ebenso wie umgekehrt die mit relativ hoher Nummer, wie die beiden eben behandelten, für Diskussion (und damit auch für Umgestaltung) besonders anfällig waren. Diese »stabilen« Stationen mußten gleichzeitig aber auch immer besonders überzeugend in ihrer Ausdeutung sein; denn die Labilität bei der Anordnung des Textes in Stufe A hätte sonst ja stets eine Verschiebung erlaubt, etwa in der Weise, daß eine zunächst als Schilderung der Vergangenheit betrachtete Station mit niedriger Nummer eine höhere Nummer zugeteilt bekam und damit plötzlich zu einer Schilderung der Zukunft gemacht wurde. Ein Beispiel für eine sehr stabile Station, die (sicherlich *post eventum*) eine so überzeugende Deutung erfahren hatte, daß sie für jede andere Deutung sozusagen unbrauchbar geworden war, ist die Station Nr. 5, die eine tote Frau unter

Abbildungen 23 bis 26: Vier Versionen des Bildes Nr. 53 in Manuskript A 5 (Abbildung 23), A 7 (Abbildung 24) und Text B 1 (Abbildung 25) und B 5 (Abbildung 26). Das durch ein laubbekränztes Kind symbolisierte China ist im ersten Bild (Textstufe A) von Barbaren besiegt, in den drei danach stehenden Bildern (Textstufe B) wieder zum Leben erwacht und bekämpft die Fremden, die auf den letzten beiden Bildern bereits als Europäer erkennbar sind.

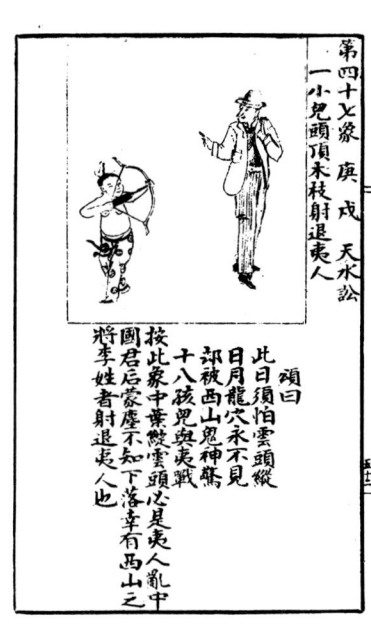

einem Berg zeigt, auf dem ein gesattelter Hirsch steht (Vergleiche im Anhang Station 5). Der dazugehörige Spruch lautet:

>»Kaiserliche Wagenglocken und geschlagene Pauken nähern sich,
>[Doch] am heutigen Tag bereist der königliche Herrscher das Chien-Gebirge.
>Wenn die ›Baumveränderin‹ dem Gespenst unter dem Berg begegnet,
>Wird für diesen Ort beschlossen sein, daß der Tod zum Goldring kommt.«

Diese Station soll die politischen Verhältnisse um die Mitte des 8. Jahrhunderts vorausgesagt haben, als der sechzigjährige T'ang-Kaiser Hsüan-tsung (regierte 713—756) die junge Yang Kuei-fei (»Gefährtin« Kuei) zu seiner Nebenfrau machte, die als eine Art Madame Pompadour in die chinesische Geschichte eingegangen ist. Sie war — bösen Gerüchten nach sogar intim — mit einem General nichtchinesischer Herkunft namens An Lu-shan (gestorben 757) befreundet, der wenig später eine riesige Revolte entfesselte, die Hauptstadt einnahm und die Dynastie an den Rand des Abgrunds brachte. Der Kaiser wurde darauf auf der Flucht von seinen ergrimmten Truppen gezwungen, seine zweideutige Gefährtin erdrosseln zu lassen, worauf er völlig gebrochen zugunsten eines seiner Söhne abdankte. Der Ort dieses Dramas war ein Dorf mit Namen Ma-*wei*, durch das der Kaiser auf seiner Flucht in das *Chien-Gebirge* reisen mußte. Das Zeichen für *wei* besteht aber aus zwei Komponenten: oben dem Zeichen für »Berg«, unten dem für »Gespenst«. Die »*Baumveränderin*«, aber die diesem Gespenst begegnet, ist niemand anders als Yang Kuei-fei, denn ihr Familienname Yang besteht aus zwei Komponenten, von denen das linke das Zeichen für »Baum«, das rechte (ungefähr) das Zeichen für »verändern« darstellt. »Gold*ring*« verweist ebenfalls auf ihren Namen, und zwar auf ihren persönlichen, der »Nephritring« (Yü-huan) lautete. Der *gesattelte Hirsch* schließlich, der auf dem *Berge* steht, verweist auf den General An Lu-shan, dessen Name gleichlautend mit dem Ausdruck »Berg des gesattelten Hirsches« ist. Diese Ausdeutung der Station kann tatsächlich als geradezu klassisch gelten. Sie zeigt auf eindrucksvolle Weise das Ineinandergreifen von Wort, Schrift und Bild, die hier zu einem einzigen Bilderrätsel miteinander verschmolzen sind.

Nach Betrachten der Interpretation dieser drei auf die nahe und die ferne Vergangenheit bezogenen Stationen wird man natürlich der Versuchung nicht widerstehen können, auch die Gegenwart — und damit die unmittelbare Zukunft — in irgendeiner Station wiederzuentdecken. Hier hat man es freilich schwer, wenn man nicht selbst zum Propheten werden will, obwohl gerade das Bestimmen der Gegenwart und der unmittelbaren Zukunft ein besonderes Anliegen fast aller Ostasiaten war, die sich mit dem T'ui-pei-t'u

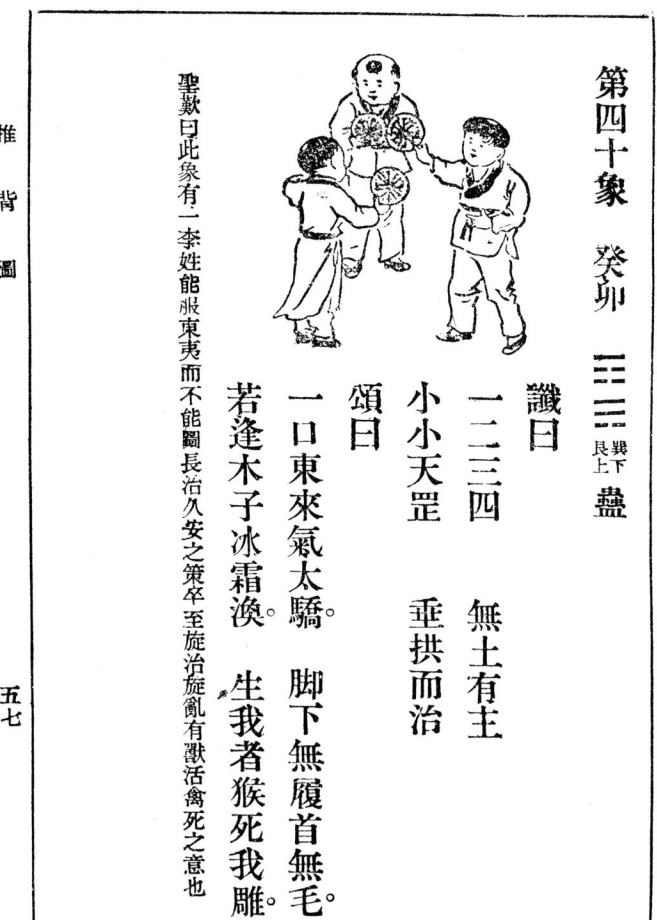

Abbildung 27: Station *C 1: 40* (Bild Nr. 98), die von Charles Lee mit der Zeit Mao Tse-tungs identifiziert wurde.

beschäftigt haben. Charles Lee beispielsweise, der 1950 eine englische Übersetzung des Buches herausbrachte (und damit die erste in eine europäische Sprache überhaupt), kannte zwar nur die Stufe C des Textes, der ja nur mehr einen geringen Teil der Stationen des ursprünglichen Textes der Stufe A enthält, und ließ unverständlicherweise die Bilder völlig unbeachtet, ja unerwähnt, wich dieser kniffligen Frage jedoch nicht aus. Nach seiner Meinung soll eine (was er nicht wissen konnte) erst in Stufe C neu hinzugetretene Station, nämlich *C 40* (entspricht Nr. 98) (Abb. 27) auf Mao Tse-tung und die Gründung der Volksrepublik hindeuten. Das Bild dieser Station zeigt drei mit Bällen spielende Knaben und hat, wie alle Bilder ab Stufe B zwei begleitende Sprüche. Der eine lautet:

>»Eins, zwei, drei, vier
>Es gibt keine Erde, aber es gibt einen Herrscher.
>Klein, klein, der Zauberstern [des großen Wagens]
>Man regiert, die Gewänder herabhängen lassend, mit zusammengelegten Händen.«

Der andere:

»[Wie] aus einer Mündung kommt man von Osten, [mit] einem Fluidum überstolz.
An den Füßen hat man keine Schuhe, auf dem Kopf keine Haare.
Wenn man dem Holz-Sohn begegnet, schmelzen Eis und Reif.
Wer einem Leben gibt, ist der Affe, wer einem Tod gibt, ist der Adler.«

Einen Hinweis auf Mao Tse-tung entdeckt Charles Lee in dem Wort »Haare« (eigentlich »Körperhaare«) in der zweiten Zeile des zweiten Spruches, weil dieses Wort tatsächlich den Familiennamen Mao darstellt. Mit »Affe« identifiziert er die Japaner, deren Angriff auf China 1937 die chinesischen Kommunisten vor den Einkesselungsfeldzügen Chiang Kai-sheks gerettet haben soll, und mit »Adler« die Amerikaner, deren Politik vielleicht in Zukunft China bedrohen würde. Die Charakterisierung im zweiten Spruch findet er darüber hinaus typisch für die siegende chinesische Rote Armee. Alle anderen Elemente in den Sprüchen kann er freilich nicht recht verwerten. Die ersten beiden Zeilen des ersten Spruches kommen darüber hinaus ironischerweise mit einer leichten, im Chinesischen nur einen einzigen Strich ausmachenden Verwandlung auch in dem schon erwähnten (vergleiche oben Seite 28), ausgerechnet auf Chiang Kai-shek bezogenen Bild des in Taiwan erschienenen Textes der Stufe D vor, wobei es durch Zeichenveränderung allerdings heißt:

»Eins, zwei, drei, vier.
Es gibt keinen *König*, aber es gibt einen Herrscher.«

Vor allem aber will die hier geschilderte Regierungsform »die Gewänder herabhängen lassend«, was frei mit »die Hände in den Schoß legend« übersetzt werden könnte und eine Zeit einer glücklichen, aber recht passiven Herrschaftsordnung vor Augen führt (vergleiche Anhang, Station 37), nicht so recht zum heutigen China passen. Auch der »Holzsohn«, der nach den Entsprechungssystemen einer »grünen Ratte« entspricht und innerhalb des Sechzigerzyklus auf die Jahre 1876, 1936, 1996 etc. hinweisen würde, ist nicht recht einzuordnen.

Interessanter ist demgegenüber eine Identifizierung, die sich eher indirekt an chinesischen Ausdeutungen festmachen läßt: In einem, etwa im Jahr 1955 in Hongkong herausgekommenen (leider nicht datierten) Text der Stufe C *(C 2)* befindet sich ein in handschriftlichem Faksimile über die Seite gesetzter Kommentar,

Abbildung 28

Abbildung 29 und 30: Bild-Station *A 3*: 50 und *B 6*: 46, die der Station *C 1*: 46 (Abbildung 28 und *A 1*: 50 (vergleiche Anhang, Station 50) entspricht und indirekt von einem chinesischen Kommentator als Darstellung der Zeit Mao Tse-tungs kenntlich gemacht wurde.

der die Stationen *C 34* bis *C 45* bis zur Gegenwart des Kommentators selbst zu analysieren sucht. Er stammt offensichtlich aus der Zeit des Chinesisch-japanischen Krieges (1937—49). Die darauffolgende Zeit wäre demnach — eine Andeutung, die vielleicht sogar beabsichtigt war — mit der Station *C 46* (Abb. 28, 29) gleichzusetzen, die, anders als die von Charles Lee ausgewählte, im Text der Stufe C nicht neu auftaucht, sondern aus der alten Serie der Stufe A stammt, nur daß sie dort unter einer anderen Nummer, nämlich unter *A50* (vergleiche Anhang, Station 50) eingeordnet ist. Die Bildbeschreibung in den Texten der Stufe A lautet:

»Ein Oberhaupt, ein großer Mann, mit einem Barett auf dem Haupt, [angetan] mit einem roten Gewand und einem Gürtel. Seine Hände sind erhoben und zu Fäusten geballt in einem Ausbruch von Zorn.«

Der begleitende Spruch:

»Da ist ein Krieger, am Körper trägt er einen Bogen.
Er sagt einfach: ›Ich bin der Alte mit dem weißen Haupt.‹
Am Tor nahe seiner Hand hat er metallene Schwerter versteckt.
Ohne daß etwas geschehen ist, trennt er sich von seiner Familie und zieht ein in die Hauptstadt der Kaiser.«

Die Texte der Stufe B und C (in Stufe D ist die Station nicht mehr enthalten) haben die vierte Zeile des Spruches in der Version: »[Mit] Kriegern dringt er durch die Hintertür in den Kaiserpalast ein.« Sie fügen auch hier einen zweiten Spruch hinzu, der folgendermaßen lautet:

»Dunkel, dunkel, im verbergenden Nebel,
Tötet er ohne das Schwert zu gebrauchen.
Die Myriaden der Menschen sterben nicht,
Und doch kann [ihm] kaum einer entkommen.«

Auffallend ist, daß es in den beiden Sprüchen dieser Station, im Gegensatz zu der sonstigen Situation, wo oft ganze Zeilen unverständlich sind, nur einen einzigen Passus gibt, der nicht klar ist und demnach deshalb am meisten Aufmerksamkeit verdient, weil diese Stellen meistens Anspielungen auf Namen oder Daten enthalten: der Ausdruck »Am Tor nahe seiner Hand« zu Beginn der dritten Zeile des ersten Spruches. Statt »Hand«, das sich in allen Texten der Stufe A außer in *A6* findet, schreiben die Texte der Stufe B und C (und auch *A6*) jedoch »Osten« *(tung)*, so daß sich in diesem Fall die Übersetzung ergibt: »Am Tor auf der östlichen Seite«. Das Zeichen »Hand« hat nun aber eigentlich keine große Ähnlichkeit mit dem Zeichen »Osten«, so daß die Veränderung nicht ohne weiteres auf eine Verschreibung zurückgeführt werden kann. Andererseits aber ist es sehr ähnlich gebaut wie das Zeichen »Haar« *(mao)*, das den Familiennamen Mao Tse-tungs darstellt; beide Zeichen sind dafür bekannt, daß sie sehr leicht miteinander verwechselt werden können, wenn nur der untere Haken des Zeichens nicht deutlich erkennbar ist. So bleibt die amüsante Tatsache, die freilich der Verfasser des handschriftlichen Kommentars des Textes in Stufe C vielleicht doch sehr ernst nahm, als er seinen Kommentar gewissermaßen auf diese Station zulaufen ließ, daß die beiden wichtigsten Elemente des Namens Mao Tse-tungs, nämlich *Mao* und *Tung* (*Tse* ist nur ein sogenannter »Generationsname«, den er mit seinen Brüdern gemeinsam hatte) in einem einzigen Zeichen des Spruches dieser Station an kritischer Stelle auszumachen sind. Daß gerade auf diese Station eine Station mit 13 roten Fahnen unmittelbar folgt (vergleiche Anhang, Station 51) ist ein Zufall, der manchen traditionellen Gelehrten noch mehr darin bestärkt hätte, hier im *T'ui-pei-t'u* eine symbolische Darstellung der Gegenwart Chinas gefunden zu haben und, von dort ausgehend, seine Zukunft, wie auch vielleicht die Zukunft der Welt, aus den daran anschließenden Bildern und Sprüchen ermitteln zu können.

Die wenigen hier gebrachten Beispiele aus dem *T'ui-pei-t'u* geben vielleicht einen Begriff davon, mit welcher Geschmeidigkeit dieser Text und seine Bilder sich jeder politischen und menschlichen Situation anzupassen vermochten und wie sehr sie bis in die Gegenwart hinein tatsächlich in das öffentliche Leben selbst eingegriffen haben. Er läßt damit, wenn auch gewiß nur unvollkommen, ahnen, welchen Einfluß generell diese ständig von der Obrigkeit verfolgte, deshalb aber nur um so liebevoller vom Volk im Geheimen gehegte Weissage-Literatur in der chinesischen Geschichte gespielt hat. Sie war ein irrationales, aber gleichwohl sehr reales Mittel der Politik, das China im Untergrund durch mehr als zwei Jahrtausende begleitet und sein Schicksal gerade an den Kreuzungspunkten seiner Entwicklung in hohem Maße beeinflußt hat. Die Bedeutung dieser immer wieder verdrängten und verbotenen Texte liegt aber wohl noch tiefer: Sie stehen als Zeugen für eine gerade auch im einfachen Volk immer lebendige, nicht selten gewiß aus tiefster Verzweiflung geborenen Hoffnung auf eine Sinnhaftigkeit der so schwer durchschaubaren, oft so gnadenlosen Wandlungen in der Geschichte.

3. Einzeldaten zur Überlieferung des T'ui-pei-t'u

Für die Untersuchung verwendete Quellen

A1: Titel: *T'ui-pei-t'u*. Undatiertes Manuskript, farbige Tusche auf altem bräunlichen Papier. Aus dem ehemaligen Besitz des Mandschuprinzen Su-ch'in-wang. 67 Stationen. Privatbesitz Professor Nakano Tōru, Tokyo.

A2: Titel: Kein Titelblatt. Undatiertes Manuskript, farbige Tusche auf hellem Papier. 67 Stationen. University of California, Berkeley.

A3: Titel: Kein Titelblatt. Undatiertes Manuskript, farbige Tusche (?). 64 Stationen (vollständig?), nachträgliche, mit Hand vorgenommene Numerierung der Blätter. Harvard Yenching Institute, Cambridge, Mass.

A4: Titel: Kein Titelblatt. Undatiertes Manuskript, farbige Tusche auf gelblichem Papier. 65 (von eigentlich 67) Stationen, wobei eindeutig zwei Stationen verloren gegangen sind. Nicht gebunden (Stand: 1965) und nicht geordnet. Academia Sinica, Nankang bei Taipei, Taiwan.

A5: Titel: *T'ui-pei-t'u chuan-chin so-yao*. Undatiertes Manuskript, farbige Tusche auf hellem Papier. 67 Stationen. Privatbesitz Professor Nakano.

A6: Titel: *Wan-nien t'u-shuo*. Reproduktion eines nach der Beschreibung sehr einfachen Druckes, den um die Jahrhundertwende der japanische Gelehrte Ishiyama Fukuhara von einem Funktionär der Ko-ming-tang-Partei erhielt. 68 Stationen. Abgedruckt in: Ishiyama Fukuharu, *Yogenshu Kaisetsu*, Tokyo 1935, S. 46—80.

A7: Titel: Kein Titelblatt. Undatiertes Manuskript (?) mit schwarzer Tusche. 60 Stationen. National Central Library, Taipei, Taiwan.

B1: Titel: *T'ui-pei t'u-shuo*. Reproduktion eines chinesischen, offensichtlich nicht kolorierten Manuskriptes. 60 Stationen. Tokyo 1912. Im Besitz des Verfassers.

B2: Titel: *T'ui-pei-t'u so-yin*. 60 Stationen. Tokyo 1917. Privatbesitz Professor Nakano.

B3: Titel: *Pi-pen T'ui-pei-t'u*. 60 Stationen. Shanghai 1924. Harvard Yenching Institute.

B4: Titel: *T'ui-pei t'u-shuo*. 60 Stationen. Tokyo o. J., Privatbesitz Professor Nakano.

B5: Titel: *Wei-lai yü-chih T'ui-pei t'u-shuo*. 60 Stationen. o. O., o. J. (? Shanghai, ca. 1925). Im Besitz des Verfassers.

B6: Titel: *Ching-hui T'ui-pei t'u-shuo*. 60 Stationen. o.O., o. J. (ca. Shanghai 1930). Im Besitz des Verfassers.

B7: Titel: *T'ui-pei-t'u*. 60 Stationen. Tokyo o. J. (ca. 1938). Im Besitz des Verfassers.

C1: Titel: *T'ui-pei-t'u*. 60 Stationen. Aufgenommen in *Chung-kuo erh-ch'ien nien chih yü*. Shanghai 1938. Im Besitz des Verfassers. Danach eine große Zahl unveränderter photomechanischer, zum Teil verkleinerter Neudrucke in Hongkong und Taiwan bis auf den heutigen Tag.

C2: Titel: *T'ui-pei-t'u*. 60 Stationen. o. O., o. J. (Vorwort datiert 1947). Im Besitz des Verfassers.

D1: Titel: *Ch'ing-kung chiu-tsang yüan-pen T'ui-pei t'u-shuo*. 48 Stationen. Billigster Druck nach der Kopie eines angeblichen Palastmanuskriptes von 1868. Taipei 1950. Im Besitz des Verfassers.

Charakterisierung der vier Textstufen A, B, C und D

Stufe A: Text in der Regel (alle außer *A6*) als Manuskript überliefert, meist auch (alle außer *A6, A7*) koloriert, was insofern wichtig ist, als den Farben (Gewänder, Strahlen u. ä.) bei der Interpretation der Bilder eine Bedeutung zukommt. Keine durchgängige, durch Numerierungen festgelegte Ordnung, Zahl der Stationen gewöhnlich 67, jedoch mit Abweichungen, die durch Verlust von Einzelblättern (*A3, A4*) oder durch spätere, sekundäre Hinzufügungen (*A6*) entstanden sind. Neben dem Bild immer (außer bei *A3*) eine Beschreibung des Bildes, die die wesentlichen Merkmale hervorhebt (darunter auch die Farbgebung). Ein einziger prophetischer Spruch neben dem Bild. *A6* und *A7* sind Übergangsformen zur Stufe B. Beide enthalten eine Station (*A6*: 34, *A7*: 30 = *B1*: 30), die sonst in den Ausgaben der Stufe A nicht auftritt, wohl aber in denen der Stufe B, beide sind charakteristischerweise auch nicht koloriert. Im Gegensatz zu Ausgabe *A6*, die insofern eine Art Rückgriff darstellt, als sie offensichtlich kompiliert wurde, als sich Stufe B schon durchgesetzt hatte, stellt Ausgabe *A7*, eine echte, alte Übergangsform dar: Sie kommt in der Zahl (60) und Reihenfolge der Stationen der Stufe B sehr nahe, entspricht aber in der Form der beigefügten Sprüche und in der Nicht-Numerierung noch ganz der Stufe A.

Stufe B: Text zum Teil noch als Manuskript, bald aber schon vorwiegend als Druck überliefert. Keine einzige Ausgabe koloriert. Bei allen Ausgaben sind die 60 Stationen numeriert, zusätzlich sind sie auch noch mit den 60 zyklischen Zeichen, deren Zahl für die Zurückschneidung der Stationen auf 60 maßgebend gewesen sein dürfte, in Parallele gesetzt, und außerdem mit den 64 *I-ching*-Hexagrammen, die freilich nicht ganz untergebracht werden konnten. Auch hier befindet sich neben jedem Bild eine Bildbeschreibung, die ebenfalls (obwohl die Bilder ja nicht koloriert sind) gelegentlich Farben hervorhebt. Alle Ausgaben haben Kommentare, die jedoch nicht miteinander übereinstimmen — das Schwergewicht verlagert sich also deutlich von der unterschiedlichen *Reihung* bei Stufe A auf die unterschiedliche *Kommentierung* bei Stufe B. Der prophetische Spruch der Stufe A (hier in *B1, B2* regelmäßig mit *sung* »Lobgesang« überschrieben, in *B3-B7* entweder mit *sung* oder mit *shih* »Gedicht«) ist vielfach durch einen weiteren Spruch ergänzt: Bei *B1* und *B2* haben alle Stationen außer der ersten einen solchen ergänzenden Spruch unterschiedlicher Länge mit der Überschrift *tz'u* »Lied«, bei *B3—B7* mit der Überschrift *ch'an* »Orakelspruch« nur die Stationen 1—11 und 13—15, 18. Die Gruppen *B1—B2* und *B3—B7* sind also deutlich voneinander abgesetzt, was sicherlich mit dem höheren Alter der erstgenannten zusammenhängt und nicht mit ihrer Publikation in Japan, da *B7* ja auch in Japan erschien. Die Stufe B läßt sich mit Ausnahme einer einzigen Station — der schon erwähnten Station *B1*: 30, die aber immerhin auch schon in *A6* und *A7* auftritt — auf die Stufe A zurückführen. Sie stellt eine Neuordnung und Kürzung des Textes dar, enthält aber praktisch keine Hinzufügungen.

Stufe C: Text nur in einer einzigen nicht-farbigen Version immer wieder nachgedruckt. Keine Bildbeschreibungen. Kommentar angeblich von Sheng-t'an (d. i. Chin Jen-jui, hingerichtet 1661), in *C1* ergänzt durch die photomechanisch wiedergegebenen Randnotizen eines gewissen Chang Wen-hsiang für die Stationen 35—45, beziehungsweise in *C2* die eines gewissen Chu Hsiao-ch'in (Verfasser eines Vorworts von 1946) für die Stationen 34—39. Die insgesamt 60, durchnumerierten und mit zyklischen Zeichen und Hexagrammen (anders jedoch als in B) in Parallele gesetzten Stationen sind mit je zwei Sprüchen versehen: mit den bereits in Stufe A verwendeten Vierzeilern zu je 7 Zeichen, hier immer überschrieben mit *sung*, und einem vorangestellten, als *ch'an* bezeichneten Spruch uneinheitlicher Struktur. Die im Gegensatz zu denen der Stufe A und B nicht durch Bildbeschreibungen definierten Bilder machen mit ihrer oft geradezu westlich-perspektivischen Darstellung einen recht modernen Eindruck, was die Vermutung nahelegt, daß die gesamte Kompilation neueren Ursprungs ist. Etwas verdächtig wirkt auch eine in *C1* und *C2* ebenso wie in nahezu allen Nachdrucken im handschriftlichen Faksimile wiedergebene englische »Einleitung« aus der Feder eines undefinierbaren Mannes namens Macon (oder Maeon, kein Vorname). Trotz des eindeutig epigonenhaften Charakters, in dem das *T'ui-pei-t'u* in dieser Stufe erscheint, ist es gerade in dieser Fassung am bekanntesten geworden. Sie bildete auch die Grundlage der einzigen bisher erschienenen (englischen) Übersetzung.

Stufe D: Text liegt nur in einem einzigen Exemplar vor. Die 48 durchnumerierten Stationen enthalten jeweils einen Haupt-Spruch, sowie einen weiteren mit *tuan* »Erklärung« überschriebenen weiteren Spruch nach Art der schon in Stufe A verwendeten und schließlich (mit Ausnahme der in die Zukunft verweisenden Stationen 41—44) einen Kommentar, bei dem nacheinander ein gewisser An-lo-weng »Alter Friedensfreude« (*D1*: 1—9), Ch'ing-t'ien-sou »Greiser Grünfeld« (*D1*: 10—18), Ch'en Chi-yün (Name?) (*D1*: 19—25) und Ch'i tao-jen (*D1*: 27—40) zu Wort kommen. Der Eindruck des Chaotischen, unter dem schon die Texte von Stufe C trotz aller äußeren Geordnetheit stehen, verstärkt sich bei dieser Ausgabe beträchtlich. Sprüche und Bilder die von den früheren Stufen übernommen werden, haben sich teilweise bereits voneinander gelöst. Die Bilder wirken, selbst wenn man sie als hastige Kopien gerechterweise nicht werten kann, vielfach in ihrer Zusammensetzung überfrachtet und uneinheitlich. Bildbeschreibungen fehlen.

Gesamtliste der in den verschiedenen Ausgaben des T'ui-pei-t'u vorkommenden Bilder

Die Tatsache, daß die einzelnen Versionen des *T'ui-pei-t'u* in ihren vier Stufen nicht dieselben Bild-Spruch-Stationen enthalten, hat zur Folge, daß die Gesamtzahl der prophetischen Bilder über die Zahl der in dem jeweiligen *Einzeltext* verwendeten weit hinausgeht. Zu den 67 alten Bildern der Stufe A (Nr. 1—67) kam (nach Wegstreichung von acht Stationen) in Stufe B zunächst nur ein einziges neues (Nr. 68) hinzu, in Stufe C folgten dann aber (nach Wegstreichung von weiteren 45 alten Stationen sowie der einen in Stufe B neu dazugetretenen) weitere 46 neue Bilder (Nr. 69—114) und in Stufe D (nach einer Wegstreichung von weiteren 50 Bildern gegenüber der Stufe C) schließlich noch einmal 38 neue Bilder (Nr. 115—152). Im ganzen gibt es heute also, soweit es sich an dem in der vorliegenden Untersuchung verwendeten Material verifizieren läßt, 152 Darstellungen, die in der einen oder anderen Ausgabe des *T'ui-pei-t'u* Verwendung fanden. Bildvariationen sind in der hier gebrachten Liste in Klammern gesetzt.

Nr. 1 Mann hält Sonne in der einen, Mond in der anderen Hand (*B: Vor ihm Kind in einem Faß. **C, D: Lediglich ein heller und ein dunkler Ring ineinander verschlungen).

Nr. 2 18 Fische, einer (oder 2) von einem (oder 2) Schwertern durchstochen *C, D: Schale mit 21 Äpfeln).

Nr. 3 Sitzende Dame mit Goldkrone hält Papagei auf Arm und schlägt Trommel (vergleiche 28, 69 70).

Nr. 4 Mann neben Glockenständer mit Fackel in der Hand und Hund an der Leine (vergleiche 28).

Nr. 5 Tote Frau unter gesatteltem Hirsch (*C: Tote Frau unter Sattel und Bücherkasten).

Nr. 6 Mehrere Tote unter Baum, auf dem Vogel sitzt (*C: Kein Vogel).

Nr. 7 Beamter in Goldtrog, 3 Männer (*B: 4 Krieger) mit Rücken zu ihm.

Nr. 8 Mönch unter Baum (*B: Baumstamm in 10 Abschnitte gestückelt) (Vergleiche 39, 85).

Nr. 9 3 fallende, leuchtende Kugeln (*B: Darunter Affe).

Nr. 10 Barbar auf Wolken schwebend, vor ihm Holzschuh.

Nr. 11 Vor einem König tanzt ein Tänzer (*B: Kein Tänzer).

Nr. 12 König zu Pferd mit Gefolge wird auf Brücke von Bogenschützen überfallen (*B: Nicht der König, sondern ein zusätzlicher Mann dahinter wird überfallen).

Nr. 13 Brennendes Gebäude.

Nr. 14 Frau vor 3 großen und einem kleinen Grabstein (*B: 2 Frauen vor einem großen und einem kleinen Grabstein).

Nr. 15 König kniet vor einem Barbarenherrscher.

Nr. 16 Granatapfelbaum mit Granatapfel.

Nr. 17 König mit Schwert in Boot (vergleiche 26).

Nr. 18 Von einem Granatapfelbaum in einem Garten versuchen ein Mann von innen, 2 von außen mit Stangen die Früchte abzuschlagen (vergleiche 110).

Nr. 19 Baldachin auf Baumspitze.

Nr. 20 Ein König empfängt von einem anderen Reichssiegel, 2 Barbaren schauen zu (*A6: Gebender König fehlt).

Nr. 21 Fliegende Vögel, einer bleibt mit gebrochenem Fuß zurück.

Nr. 22 Grünender Zweig in Reisigbündel.

Nr. 23 Kind in Kaisergewand (*B: Vor ihm Schwein).

Nr. 24 In einem von 7 Häusern umgebenen Gebäude steht ein Tier (meist Schwein, A2: Leopard). (*B: In 3stöckigem, 9teiligen Gebäude im mittleren Teil ein Hund, in den übrigen Schreibmaterial und Waffen).

Nr. 25 Mehrere Beamte vor einem König.

Nr. 26 Mann mit Schwert in Boot (*B: Barbar). (Vergleiche 17).

Nr. 27 Ein Barbar, eine Dame und Bewaffnete in Boot.

Nr. 28 Dame mit Goldkrone und Hund (vergleiche 3, 4, 79).

Nr. 29 2 Könige sitzen sich in Zelt gegenüber.

Nr. 30 Würdenträger vor Weihrauchbecken, 2 Barbaren dahinter.

Nr. 31 3 Krieger jagen Affen, neben ihm 3 Schweine (*A5, A6, B: keine Schweine. **A2: Hase statt Schweine).

Nr. 32 Affe zeigt auf rote Sonne hinter Wolken.

Nr. 33 Mann stützt zusammenfallendes Haus.

Nr. 34 Feuerspeiende Schlange.

Nr. 35 Von einem Baum bricht ein Ast ab (*A4: darunter blauer Rinderdämon).

Nr. 36 Schwert in Grasboden (*A7; B: Hellebarde und Schwert).

Nr. 37 Rotgekleideter Kaiser.

Nr. 38 Lanze und gerades Schwert.

Nr. 39 Unter einem Baum, an dem ein Winkelmaß hängt, sitzt ein Mönch (*B: Mönch fehlt. **C: Mönch fehlt, stattdessen 2 Sonnen am Himmel). (Vergleiche 8).

Nr. 40 Kirschbaum mit einer Kirsche, die ein Auge hat.

Nr. 41 8 verschiedenfarbige Flaggen (*B: 8 Flaggen in Faß, davor Krieger mit Feueratem). (Vergleiche 91, 133).

Nr. 42 Grünköpfige Ente auf Rücken eines gelben Rindes.

Nr. 43 Krieger in Goldrüstung mit Beil und Hellebarde (*A7: daneben Glocke).

Nr. 44 Unter einem Baum, an dem ein Bogen hängt, ein Schwein, das eine im Wasser davor schwimmende Schildkröte anblickt.

Nr. 45 General in Goldrüstung mit Hellebarde.

Nr. 46 Ein Krieger (B: Barbar) wird von einem anderen Krieger mit dem Schwert getötet.

Nr. 47 Fünffarbener Phönix in den Wolken.

Nr. 48 Flöte spielender Barbar mit Hund, vor ihm Bogen und Lanze (*B: Barbar spielt nicht Flöte, sondern weint).

Nr. 49 Mann mit Krone und 2 Mündern (übereinander oder nebeneinander).

Nr. 50 Würdenträger in rotem Gewand macht zornige Gebärde.

Nr. 51 13 (B: 12) rote Flaggen.

Nr. 52 Dame mit Laute, vor ihr ein Schwert und ein Hase (*B: Bogen statt Schwert).

Nr. 53 Laubbekränzter Knabe mit Pfeil und Bogen liegt tot neben Barbaren (*A5, A6, A7, B: laubbekränzter Knabe zielt mit Pfeil und Bogen auf Barbaren [in späteren Texten Europäer].

Nr. 54 Schwarzgekleideter Mann mit Schlachtbeil.

Nr. 55 Ein Würdenträger zu Pferd von Mann zu Fuß begleitet.

Nr. 56 Mehrere Leute im Wasser (auf dem Wasser gehend, es durchschreitend, oder darin ertrinkend). (*A7, B: 2 Kriegszelte im Wasser mit 2 Parteien).

Nr. 57 Zerbrochener (*A1:* nicht zerbrochener) Tuschestein (*A7, B:* davor ein alter Mann mit erhobenen Händen).

Nr. 58 Unter 3 Felsen ein viergeteiltes Meer (*A6, B:* im Meer zusätzlich ein Wassergeist, der einen Menschenkopf in den Händen hält, daneben noch Skelette). (Vergleiche 81, 92, 95).

Nr. 59 Pferd mit Strahlen über dem Kopf.

Nr. 60 Mönch in Feueraureole (*B:* ein Bettlerehepaar führt einen jungen Prinzen).

Nr. 61 Ein Krieger und ein »kurzgewandeter« Mann stehen vor 2 Toten am Strand (*A5, A6:* »Kurzgewandeter« fehlt. **A4:* nur 2 Tote am Strand, die selbst der Krieger und der »Kurzgewandete« sind. ***B:* Krieger mit 2 Schwertern erschlägt Barbaren).

Nr. 62 2 Kriegslager auf den beiden Seiten eines Flusses (*B:* 2 Männer, einer mit einem Kind auf dem Rücken, waten durch Wasser).

Nr. 63 Mann führt Kuh am Strick (*B:* hinter dem Rind, mit einer Decke auf dem Rücken, steht eine Frau).

Nr. 64 Minister und Prinz mit besorgtem Gesicht.

Nr. 65 König zwischen 2 Damen.

Nr. 66 Alter Mann mit Stock.

Nr. 67 Kind schubst Krieger von hinten (*A4:* Krieger schubst anderen Krieger. **A7:* Krieger schubst Beamten. ***A6, B, C, D:* Beamter schubst Beamten).

Nr. 68 2 Barbaren gehen, einander den Rücken zuwendend, voneinander weg.

Nr. 69 Stehende Dame mit Kopfbedeckung und Schwert (vergleiche 3).

Nr. 70 Papagei, darunter 5 Affen (vergleiche 3).

Nr. 71 Würdenträger zieht, im Wagen sitzend, mit Begleitung in Stadt ein.

Nr. 72 Mann mit großem Schnurrbart.

Nr. 73 3 Krieger.

Nr. 74 Fluß in Bergenge.

Nr. 75 Toter Mann mit Pfeil im Gewand liegt unter Bäumen.

Nr. 76 Beamter vor einem Stein.

Nr. 77 Knabe mit Besen unter einem Baum, an dem ein Bienenschwarm hängt.

Nr. 78 Ein alter König, getrennt durch einen Fluß von einem jungen, der ihm mit beiden Händen eine abwehrende Gebärde macht (*D:* Fluß fehlt).

Nr. 79 Dame mit Hund in Pavillon (vergleiche 28).

Nr. 80 Pavillon.

Nr. 81 Von Wasser überflutete Gräser (vergleiche 58, 92, 95).

Nr. 82 Junger Kaiser (?) hinter 2 hohen Würdenträgern (vergleiche 120).

Nr. 83 Pferd in Wasser.

Nr. 84 Sonne am Meereshorizont, im Meer 2 Fische und ein schwimmender Baumstamm (*D:* Baumstamm fehlt).

Nr. 85 Ein Beil mit einem in 10 Abschnitte geteilten Stiel (vergleiche 8).

Nr. 86 Mönch, dem 4 Damen folgen.

Nr. 87 3 Bäume (vergleiche 145).

Nr. 88 Tiger über einem Felsen.

Nr. 89 Dame steht vor Dämon, hinter beiden ein Schilfbündel.

Nr. 90 Pferd in einer geöffneten Toreinfahrt.

Nr. 91 Bemanntes Schiff mit 8 Flaggen (vergleiche 41, 133).

Nr. 92 Skelette an einem schilfbestandenen Strand (vergleiche 58).

Nr. 93 3 Bogenschützen gehen durch ein Stadttor.

Nr. 94 Dame zu Pferd mit Dienerin, die eine Lampe trägt, überschreitet Brücke, an deren Rand ein Mann kniet.

Nr. 95 Meeresdämon, der im Wasser stehend einen Menschenkopf in den Händen hält (vergleiche 58).

Nr. 96 Mehrere Tote vor einer Tür.

Nr. 97 Vogel auf Bergspitze, dahinter auf- oder untergehende Sonne.

Nr. 98 3 Knaben spielen mit 3 Bällen.

Nr. 99 Mann (Barbar?) steht mit einem Fuß auf der Sonne.

Nr. 100 Mann mit umgehängtem Bogen vor Kaiser auf dem Thron.

Nr. 101 2 Männer zielen mit Speeren auf die Sonne.

Nr. 102 Bücherregal mit Büchern.

Nr. 103 Eine feuerspeiende Schlange und ein feuerspeiender Drache kämpfen miteinander (*D:* zusätzlich darunter Tiger). (Vergleiche 149).

Nr. 104 8 gebogene Schwerter.

Nr. 105 Tiger im Gras.

Nr. 106 Kaiser und Kaiserin in Palast.

Nr. 107 Würdenträger wendet Sonne den Rücken zu.

Nr. 108 Ein jüngerer und 2 ältere Männer stehen einander gegenüber, zwischen ihnen ein Schilfbüschel.

Nr. 109 5 Knaben treiben mit Stöcken ein Rind.

Nr. 110 Mann versucht von Granatapfelbaum eine Frucht zu pflücken (vergleiche 18).

Nr. 111 2 Krieger, mit Feueratem und mit Lanzen bewehrt, stehen einander gegenüber, über ihnen 2 Vögel, hinter ihnen 4 Fische.

Nr. 112 Ein Kind gießt eine Schüssel aus, die Flüssigkeit wird zu Feuer.

Nr. 113 4 Männer mit umgehängtem Bogen.

Nr. 114 Mann mit einer Orakelstäbchenbüchse in der einen und einem gezogenen Orakelstab in der anderen Hand.

Nr. 115 Eine ältere und eine jüngere Dame.

Nr. 116 Stadttor.

Nr. 117 Berglandschaft, darüber verteilt eine Anzahl von Männern (vergleiche 146).

Nr. 118 Felsen und 16 Papierblätter.

Nr. 119 Ein Schwein, umgeben von einem Pfirsich, einem Vogel, einem Stein und einem Granatapfel.

Nr. 120 Junger Kaiser (?) mit 2 Würdenträgern hinter 2 hohen Würdenträgern (vergleiche 82).
Nr. 121 Tisch mit 2 Stühlen, auf dem Tisch ein Schachspiel und 2 Becher.
Nr. 122 2 Damen folgen 2 Würdenträgern.
Nr. 123 Dämon mit Schwert hinter einem Würdenträger.
Nr. 124 9 im Quadrat nach dem *Ching-t'ien* — System angeordnete Felder, bei denen das mittlere mit einem Stück Holz (?), die 8 umgebenden mit Kreisen gefüllt sind.
Nr. 125 Kaiser mit Schwert.
Nr. 126 Kind vor einem Palast in den Wolken.
Nr. 127 Betender (Mönch?) vor einem Palast in den Wolken, neben dem eine weitere Figur sichtbar ist.
Nr. 128 Frau mit 3 Ziegen und einem Kind.
Nr. 129 König (?) mit 2 Damen, von denen eine vor ihm kniet.
Nr. 130 Kaiser empfängt Vasallen.
Nr. 131 Vor einem Altar ein Kniender, dahinter ein lesender Mann.
Nr. 132 Berglandschaft mit Kiefer und Pavillon, unter der Kiefer ein Mann.
Nr. 133 Berglandschaft mit 3 Bäumen, einer Sonne und 8 Flaggen (vergleiche 41, 91).
Nr. 134 Kaiser, vor dem 3 Männer Kotau machen.
Nr. 135 Würdenträger mit Schwert, vor ihm ein abgeschlagener Kopf und 2 kniende Damen.
Nr. 136 Palast in den Wolken, darunter Affe und Hirsch.
Nr. 137 Kaiser, Kaiserin, 2 Prinzen.
Nr. 138 Hohes Gebäude mit Flagge, dessen Eingangstor von 2 Männern geöffnet wird.
Nr. 139 Hohes Gebäude, über dem ein Vogel fliegt.
Nr. 140 Hirsch am Strand, umgeben von 7 Männern.
Nr. 141 Herrscher bei Audienz, vor ihm 6 Männer.
Nr. 142 2 Pferde an einer Krippe, neben ihnen ein Bogen, ein Stück Holz und ein blühender Zweig.
Nr. 143 Felslandschaft mit Bäumen, darüber die Sonne (vergleiche 145).
Nr. 144 Feuerbecken, flankiert von 2 Männern.
Nr. 145 4 Bäume, darüber die Sonne (vergleiche 87, 143).
Nr. 146 Berglandschaft, darüber verteilt eine Anzahl von Männern und Ratten (vergleiche 117).
Nr. 147 2 Bäume im Gebirge, darunter Blick auf Stadt, am Himmel fliegt insektenartiges Wesen.
Nr. 148 Segelboot auf dem Meer, auf dem Segel die Aufschrift »Höchster Friede«.
Nr. 149 Schlange und Drache, um die 2 Säulen eines Gebäudes gewunden, züngeln gegeneinander (vergleiche 103).
Nr. 150 9 Kontinente.
Nr. 151 Mann deutet auf Schubkarre.
Nr. 152 Mann liest in einem Buch, das auf einem Tisch neben einem Rauchfaß liegt.

TABELLE II: Überlieferung des T'ui-pei-t'u von Stufe C zu Stufe D.

Lfd.-Nr.	C B	C S	D B	D S	Lfd.-Nr.	C B	C S	D B	D S	Lfd.-Nr.	C B	C S	D B	D S	Lfd.-Nr.	C B	C S	D B	D S
(1)	1	1	1	1	(25)	16	16	10		89	31	31			(50)	46	46		
(2)	2	2	2	2	78	17	17	11+	11	90	32	32			102	47	47	30+	33
69	3	3			79	18	18			91	33	33			103	48	48	40	19
70	4	4			80	19	19			92	34	34			104	49	49		41
(5)	5	5			81	20	20			93	35	35			105	50	50		
71	6	6			82	21	21			94	35	35			106	51	51		44
72	7	7	3	3	83	22	22			95	37	37			107	52	52		39
73	8	8	6	6	(33)	23	23			96	38	38			108	53	53		
(6)	9	9			84	24	24	16+		97	39	39	40+	40	109	54	54		
74	10	10		29	85	25	25			98	40	40		38/40	110	55	55		
75	11	11			86	26	26			99	41	41			111	56	56		42
76	12	12		30	(39)	27	27			(52)	42	42		42	112	57	57		46
(21)	13	13		8	(13)	28	28	29		(64)	43	43			113	58	58		
(22)	14	14		2	87	29	29		23	100	44	44		27	114	59	59		
77	15	15			88	30	30			101	45	45		42	(67)	60	60	48	48

Anmerkung zu den Tabellen:
Die Zahlen in den senkrechten Spalten geben an, den wievielten Platz das jeweilige Bild (B) oder der jeweilige Spruch (S) in den einzelnen Texten oder Textgruppen einnimmt. F bezeichnet vermutlich verlorengegangene Bild-Spruch-Kombinationen in den zeitweilig ungebunden überlieferten Manuskripten A3 und A4. +++ ++ + verweist auf tiefgreifendere, in den Bildbeschreibungen vermerkte Veränderungen des betreffenden Bildes.

TABELLE I : Überlieferung des T'ui-pei-t'u von Stufe A bis zu Stufe D

Lfd. Nr.	A1 B	A1 S	A2 B	A2 S	A3 B	A3 S	A4 B	A4 S	A5 B	A5 S	A6 B	A6 S	A7 B	A7 S	B B	B S	C B	C S	D B	D S
1	1	1	1	1	2	2	1	1	1	1	1	1	1	1	1+	1	1++	1	1++	1
2	2	2	2	2	3	3	2	2	2	2	2	2	2	2	2	2	2+	2	2+	2
3	3	3	3	3	4	4	3	3	3	3	3	3	3	3	3	3	3/4			
4	4	4	4	4	5	5	4	4	4	4	4	4	4	4	4	4		4		
5	5	5	5	5	6	6	5	5	5	5	5	5	5	5	5	5	5+	5		
6	6	6	6	6	7	7	6	6	6	6	6	6	6	6	6	6	9+	9		29
7	7	7	43	43	8	8	7	7	7	7	7	7	7	7	7+	7				
8	8	8	44	44	9	9	7	7	8	8	8	8	8	8	8+	8				
9	9	9	45	45	10	10	9	9	9	9	9	9	9	9	9+	9				
10	10	10	46	46	11	11	10	10	10	10	10	10	10	10	10	10				
11	11	11	47	47	12	12	11	11	11	11	11	11	11	11	11+	11				
12	12	12	48	48	13	12	12	12	12	12	12	12	12	12	12+	12				
13	13	13	7	7	17	17	13	13	13	13	13	13	13	13	13	13	28		29	
14	14	14	8	8	14	14	14	14	14	14	15	15	14	15	14+	14				
15	15	15	9	9	18	18	F	F	15	15	14	14	15	14	15	15				
16	16	16	10	10	15	15	F	F	16	16	16	16	16	16	16	16				
17	17	17	11	11	16	16	17	17	17	17	27	27								
18	18	18	12	12	19	19	18	18	18	18	28	28								
19	19	19	15	15	20	20	19	19	19	19	22	22								
20	20	20	16	16	21	21	30	30	20	20	23+	23								
21	21	21	13	13	22	22	21	21	21	21	17	17	17	17	17	17	13	13		
22	22	22	14	14	23	23	22	22	22	22	18	18	18	18	18	18	14			9
23	23	23	17	17	24	24	24	24	23	23	25	25	19	19	19+	19				
24	24	24	18	18	25	25	26	26	24	24	21	21	20	20	21+	21				
25	25	25	19	19	26	26	23	23	25	25	26	26	21	21	20	20	16	16	10	
26	26	26	20	20	27	27	27	27	26	26	24	24	22	22	22+	22				
27	27	27	21	21	28	28	28	28	27	27	19	19	23	23	23	23				
28	28	28	31	31	29	29	29	29	28	28	20	20	24	24	24	24				
29	29	29	22	22	30	30	20	20	29	29	29	29	25	25	25	25				
30	30	30	23	23	31	31	32	32	30	30	30	30	26	26	26	26				
31	31	31	24++	24	32	32	34	34	31+	31	33+	33	29	29	29+	29				
32	32	32	25	25	33	33	33	33	32	32	31	31	27	27	27	27				
33	33	33	26	26	34	34	31	31	33	33	32	32	28	28	28	28	23			
34	34	34	27	27	36	36	36	36	34	34	36	36	32	32	32	32				
35	35	35	28	28	37	37	38+	38	35	35	37	37	33	33	33	33				
36	36	36	29	29	38	38	40	40	36	36	38	38	31+	31	34	34				
37	37	37	30	30	39	39	41	41	37	37	39	39	34	34	35	35				
38	38	38	32	32	40	40	42	42	38	38	40	40	35	35	36	36				
39	39	39	33	33	41	41	35	35	39	39	35	35	36	36	31+	31	27++	27		
40	40	40	34	34	42	42	43	43	40	40	41	41								
41	41	41	35	35	43	43	44	44	41	41	42	42			38+	38				
42	42	42	36	36	44	44	45	45	42	42	43	43	37	37	37	37				
43	43	43	37	37	45	45	46	46	43	43	44	44	38+	38						
44	44	44	38	38	46	46	47	47	44	44	45	45								
45	45	45	39	39	47	47	48	48	45	45	46	46								
46	46	46	40	40	48	48	49	49	46	46	47	47	39	39	39	39				
47	47	47	41	41	49	49	50	50	47	47	48	48	40	40	40	40				
48	48	48	42	42	50	50	51	51	48	48	49	49	41	41	41+	41				
49	49	49	49	49	51	51	54	54	49	49	50	50	48	48	48	48				
50	50	50	50	50	52	52	55	55	50	50	51	51	46	46	46	46	46	46		
51	51	51	51	51	53	53	52	52	51	51	52	52	42	42	42	42				
52	52	52	52	52	54	54	53	53	52	52	53	53	43	43	43+	43	42	42		43
53	53	53	53	53	55	55	57	57	53+	53	54+	54	47+	47	47+	47				
54	54	54	54	54	57	57	58	58	54	54	55	56	45	49	45	49				
55	55	55	55	54	56	56	59	59	55	55	56	55	49	45	49	45				
56	56	56	56	62	58	58	60	60	56	56	63	67	50+	50	51+	51				
57	57	57	57	57	59	59	61	61	57	57	58	58	55+	53	53+	53				
58	58	58	58	57	60	60	62	62	58	58	59+	59	54	54	54+	54	37/34			
59	59	59	59	59	61	61	37	37	59	59	60	30	55	55	55	55				
60	60	60	60	66	62	62	39	39	60	60	61	31	56	56	56+	56				
61	61	61	61	61	63	63	63++	63	61+	61	62+	62	59	59	58+++	58				
62	62	62	62	56	64	64	64	64	62	62	57	53	52	52	52+	52				
63	63	63	63	63	F	F	56	56	63	63	64	64	57	57	57+	57				
64	64	64	64	64	F	F	25	25	64	64	67	67	44	44	44	44	43	43		
65	65	65	65	65	F	F	65	65	65	65	68	68	58	58	59	59				
66	66	66	66	66	F	F	66	66	66	66	65	65	51	51	50	50				
67	67	67	67	67	1	1	67+	67	67	67	66+++	66	60++	60	60+++	60	60+++	60	48+++	48
68											34	34	30	30	30	30				

Weissage-Text *T'ui-pei-t'u*, Station Nr. 56, die eine Art Sintflut schildert, in der Darstellung des Manuskripts *A 5* (vergleiche Anhang S. 69).

Vier Stationen aus dem Weissage-Text *T'ui-pei-t'u* nach dem Manuskript *A 4*:
Links oben Station Nr. 18, rechts oben Station Nr. 17, links unten Station Nr. 31,
rechts unten Station Nr. 32 (vergleiche Anhang S. 49, 50, 56, 57).

Literatur

Bauer, W., »Zur Textgeschichte des *T'ui-pei-t'u*, eines chinesischen »Nostradamus«, in: *Oriens Extremus*, 20 (1973), S. 7—26.

Chan Hok-lam, »Tu Liu Po-wen *Shao-ping-ko*« (Über die «Kuchenback-Gesänge» des Liu Po-wen») in: *Essays in Chinese Studies presented to Professor Lo Hsiang-lin*, Hongkong 1970 (insbesondere S. 181, Anm. 7).

ders., »Chang Chung and His Prophecy«, in: *Oriens Extremus*, 20 (1973).

Cheng Chen-to (Herausg.), *T'ien-chu ling-ch'an* (Faksimilie einer sungzeitlichen Orakelspruchsammlung), in: *Chung-kuo ku-tai pan-hua ts'ung-k'an*, Shanghai 1958.

Dull, J. L., *A Historical Introduction to the Apocryphical Textes of the Han Dynasty*, (Diss.), Seattle, Univ. of Washington, 1966.

Eberhard, W., «Orakel und Theater in China», in: *Asiatische Studien*, 18/19 (1965) S. 4—18.

Fung Yu-lan, *A History of Chinese Philosophy*, Bd. 2, Princeton 1953 (insbesondere S. 88—132).

Gensan daishi gosen eshó (Faksimile einer japanischen Orakelspruchsammlung), Nagoya 1913.

Ishiyama Fukuhara, *Yogenshú kaisetsu* (Gesammelte Prophezeiungen samt Erklärungen), Tokyo 1935.

Koyanagi Shikita, *Toyo shiso no kenkyu* (Studien der ostasiatischen Geistesgeschichte), Bd.1, Tokyo 1942 (insbesondere S. 412—429).

Lee, Charles L. (pseud. für Yen P'u-sheng) (Übers.), *The Great Prophecies of China*, New York 1950.

Nakano Kókan, *Shina no yogen* (Prophetien in China), Peking (!) 1925.

Nakano Toru, «›Suihaizu‹ shotan» (Einführung in das *T'ui-pei-t'u*), in: *Toho Shukyo*, 36 (1970), S. 20—37.

Needham, J., *Science and Civilisation in China*, Bd. 2, Cambridge, England, 1956 (insbesondere S. 364 f.).

Smith, A. H., *Proverbs and Common Sayings from the Chinese*, Shanghai 1902.

Sung-shih i-wen-chih (Pa-shih ching-chih chih) (Literaturkapitel der offiziellen Geschichte der Sung-Dynastie), ed. *Pai-pu ts'ung-shu chi-ch'eng* (insbesondere Kap. 5, S. 24b).

T›ang-shu (Offizielle Geschichte der T'ang-Dynastie), Kap. 79 und 191 (Biographien von Yüan T'ien-kang und Li Ch'un-feng), sowie Kap. 54 (Biographie des Wang Shih-ch'ung).

Tjan Tjoe Som, *Po Hu T'ung*, Leiden 1949 (insbesondere S. 100—120).

Wilhelm, R., *Die Seele Chinas*, Berlin 1926.

Yang, C. K., *Religion in Chinese Society*, Berkeley 1961 (insbesondere S. 232—239).

Yüeh K'o, *Ch'eng-shih*, ed. *Pai-pu ts'ung-shu chi-ch'eng* (insbesondere Kap. 1, S. 2b).

Anhang

Ein Manuskript des T'ui-pei-t'u

Der im folgenden reproduzierte und übersetzte Text ist der des Manuskriptes A1. Zum Vergleich der hierin gebrachten Bilder mit denen in anderen Ausgaben empfiehlt es sich, die kurzen Bildbeschreibungen in der »Gesamtliste der in den verschiedenen Ausgaben des T'ui-pei-t'u vorkommenden Bilder«, die auch Bildvariationen angibt, mit heranzuziehen. Die in der Übersetzung am Anfang einer jeden Station erscheinende Bildbeschreibung stammt hingegen nicht vom Verfasser, sondern stellt eine Übertragung der Bildbeschreibung des chinesischen Textes selbst dar. Diese Bildbeschreibungen erscheinen, wie leicht erkennbar ist, jeweils oben neben den Bildern, während die vierzeiligen Sprüche blockartig darunter gesetzt sind. Bei der Übersetzung der Sprüche wurden die auf das jeweilige Bild bezüglichen Passagen in Kursiv gesetzt, wobei sich ergibt, daß in manchen, wenngleich in nur wenigen Fällen, keine unmittelbare Beziehung zwischen Bild und Spruch zu erkennen ist. Die Anmerkungen beschränken sich auf ein Mindestmaß und ziehen die vielfältigen chinesischen Kommentare mit ihren Deutungen, die sich oft genug beträchtlich widersprechen, mit Absicht nicht heran, weil die Bilder und nicht die Sprüche im Zentrum der vorliegenden Untersuchung stehen.

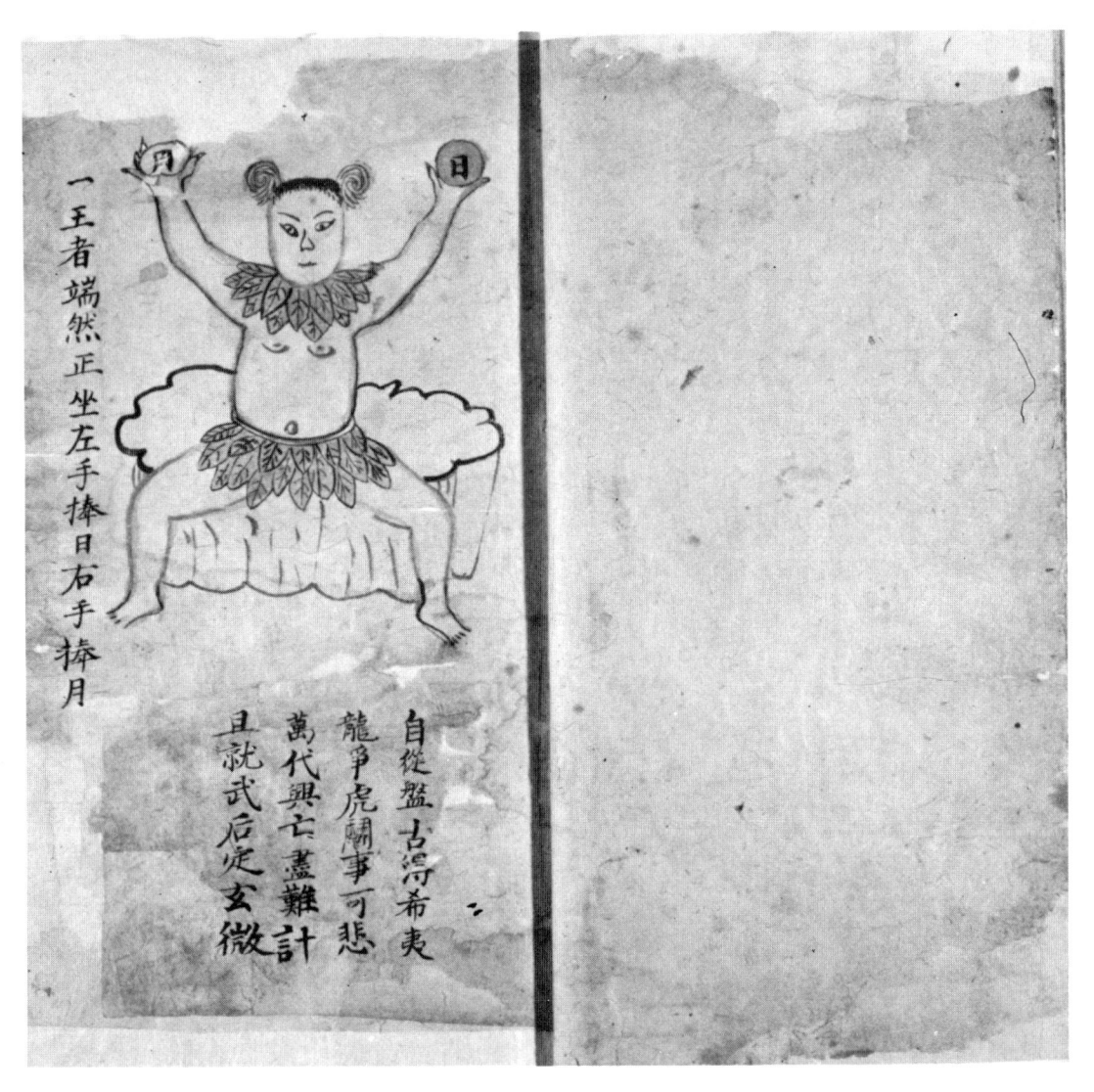

Station 1
Ein königlicher Mann sitzt würdevoll gerade da. Mit der linken Hand stemmt er die Sonne empor, mit der rechten Hand den Mond.

Seit [Schöpfer] P'an-ku sich des «wunderbar-entlegenen»[1] [Urstoff] annahm,
Haben Tiger gekämpft und Drachen gestritten, daß es einen dauern konnte.
Aufstieg und Verfall über 10 000 Generationen hin zu begreifen, ist schwer.
Aber [von der Zeit] der kriegerischen Kaiserin[2] an [wollen] wir die dunkel-subtile [Zukunft] bestimmen.

[1] Ausdruck für den »Weg« (Tao) vor der Gestaltung der Welt (vergleiche Lao-tzus *Tao-te-ching*, Kapitel 14).
[2] Kaiserin Wu der T'ang-Dynastie (regierte 684—704). Mit diesem Hinweis wird das angebliche Entstehungsdatum des *T'ui-pei-t'u*, das ja in die Regierungszeit des Kaisers T'ai-tsung (regierte 627—649) aus derselben Dynastie fallen soll, unterstrichen.

Station 3

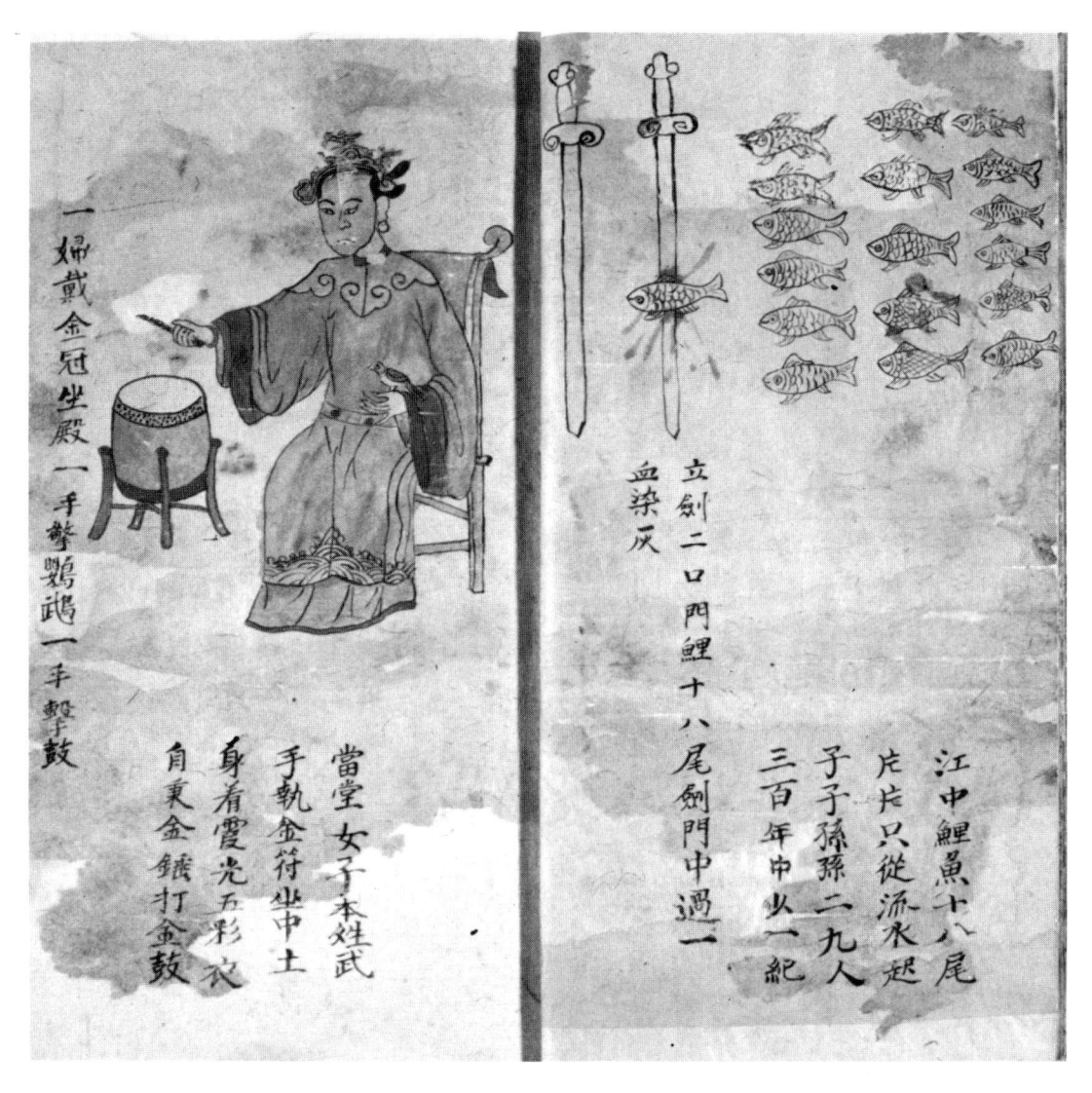

Eine Frau, eine goldene Krone auf dem Haupt, sitzt in einer Halle. Mit der einen Hand hält sie einen Papagei, mit der anderen schlägt sie auf eine Pauke.

In der Halle[1] sitzt eine Frau, ihr ursprünglicher Familienname ist »Wu«.
Ein goldenes Szepter in der Hand, so sitzt sie auf der Mittelerde[2].
Am Körper trägt sie ein bunt glühendes, fünffarbenes Kleid.
Hält mit eigener Hand den goldenen Klöppel und schlägt auf die goldene Pauke.

Station 2

Zwei senkrecht stehende Schwerter bilden ein Tor, [davor] 18 Karpfen. Das Blut von einem von ihnen, der durch das Schwertertor hindurchgehen will, färbt das Wasser trübe.

Im Fluß sind Karpfen[1], 18 an der Zahl.
Einer und wieder einer, so folgen sie einander das fließende Wasser hinauf.
Söhne, Söhne, Enkel, Enkel —! 18 Leute.
Die 300 Jahre, während der sie kommen, sind um ein Dutzend [nur] zu kurz.

---

[1] Andere Texte schreiben: »Im leeren Raum...«
[2] China.

[1] Das Wort für »Karpfen« (*li*) ist gleichlautend mit dem Familiennamen der Herrscherfamilie der T'ang-Dynastie Li.

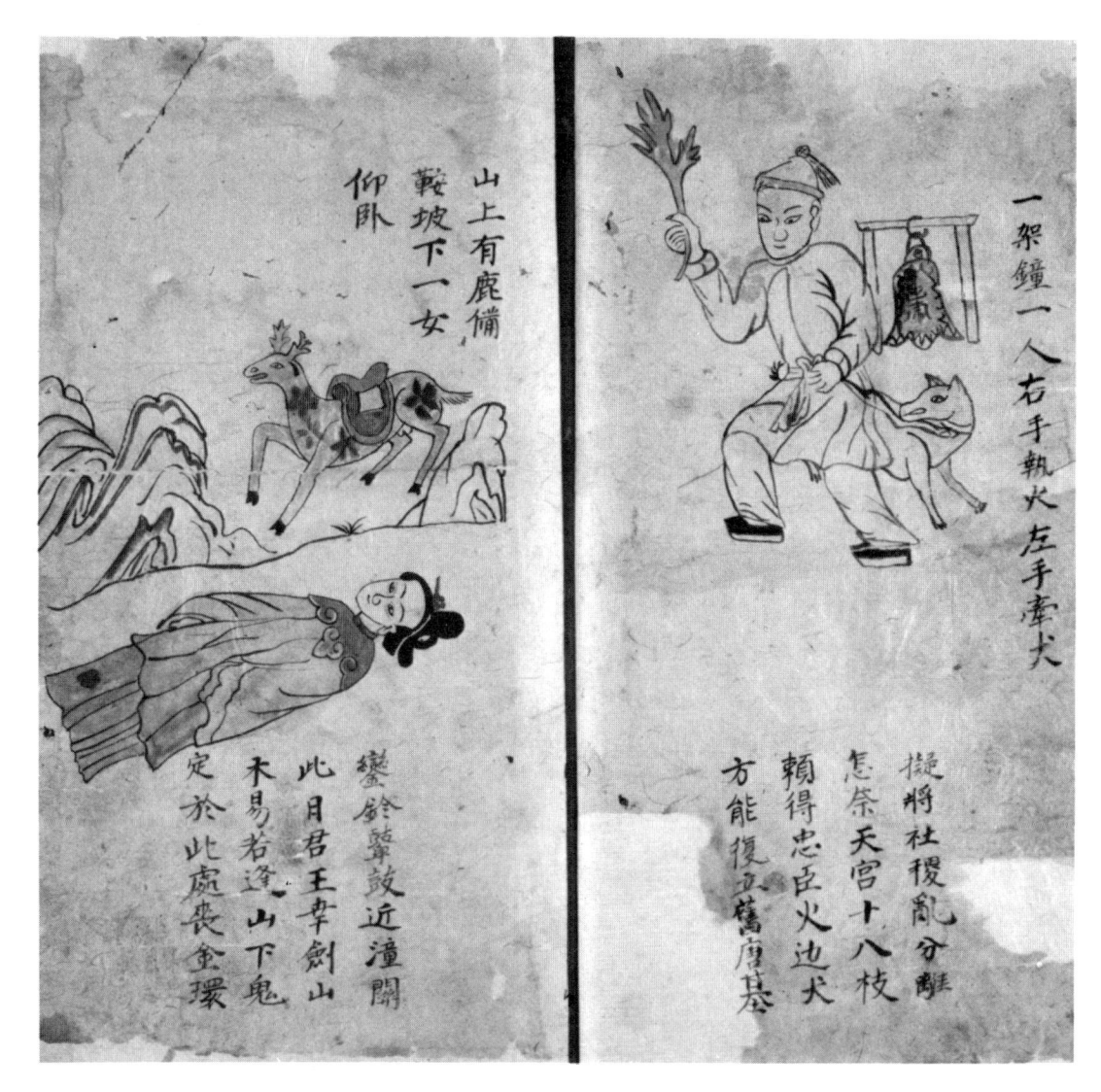

Station 5
    Auf einem Berg steht ein Hirsch gesattelt. Unten am Hügel liegt eine Frau mit dem Kopf nach oben.

Kaiserliche Wagenglocken und geschlagene Pauken nähern sich,
[Denn] am heutigen Tag bereist der königliche Herrscher das Chien-Gebirge[1].
Wenn die »Baumveränderin« dem Gespenst *unter dem Berg* begegnet,
Wird für diesen Ort beschlossen sein, daß *der Tod* zum Goldring kommt.

Station 4
    Ein Glockenständer und ein Mann. Mit der rechten Hand trägt er Feuer, mit der linken Hand hält er einen Hund an der Leine.

Man plant für die Nation Rebellion und Zersplitterung.
Welche Hilfe gibt es für die Herzöge des Himmels mit der 18fachen Fähigkeit?
Dank der Existenz eines loyalen Ministers *»Feuer neben dem Hund«* kann man gerade noch wiedererrichten die Grundlagen der alten T'ang.

---

[1] In der Südwestprovinz Ssuch'uan.

Station 7

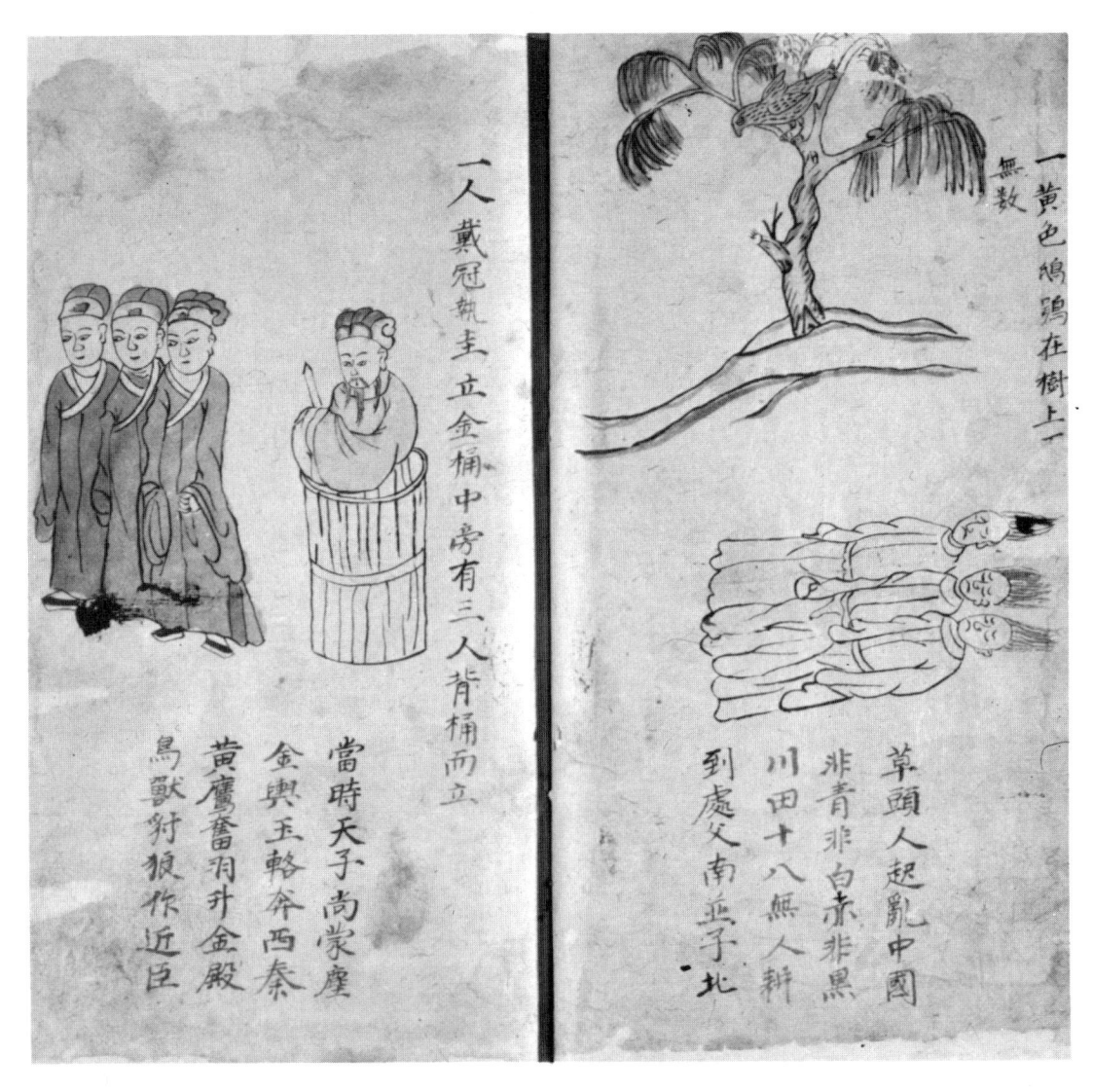

Ein Mann mit Krone auf dem Haupt, den Amtsstab in der Hand, steht in einem metallenen Trog. Daneben sind drei Männer, die dem Trog den Rücken kehren.

In dieser Zeit gerät der *Himmelssohn* noch mehr *in Schwierigkeit.*
Die goldene Karosse [mit] dem jadenen Wagenbrett verläßt West-Ch'in[1].
Ein gelber Adler schüttelt die Flügel und schwingt sich empor auf die goldene Halle.
Vögel und Vierfüßler, Wölfe und Schakale nähern sich dem Minister[stand].

Station 6

Eine gelbe Eule sitzt auf einem Baum, darunter Tote ohne Zahl.

Ein Mann mit einem Kopf aus Gras erhebt sich und bringt Wirrnis über das Reich der Mitte.
Er ist nicht blau, nicht weiß, noch rot, und auch nicht schwarz.
Auf den Feldern an den Strömen zehn und acht gibt es niemanden mehr, der pflügt.
Allerorten zieht der Vater gen Süden, der Sohn gen Norden.

---

[1] Ausdruck für die Gegend des heutigen Sian im nordwestlichen Zentralchina.

Station 9

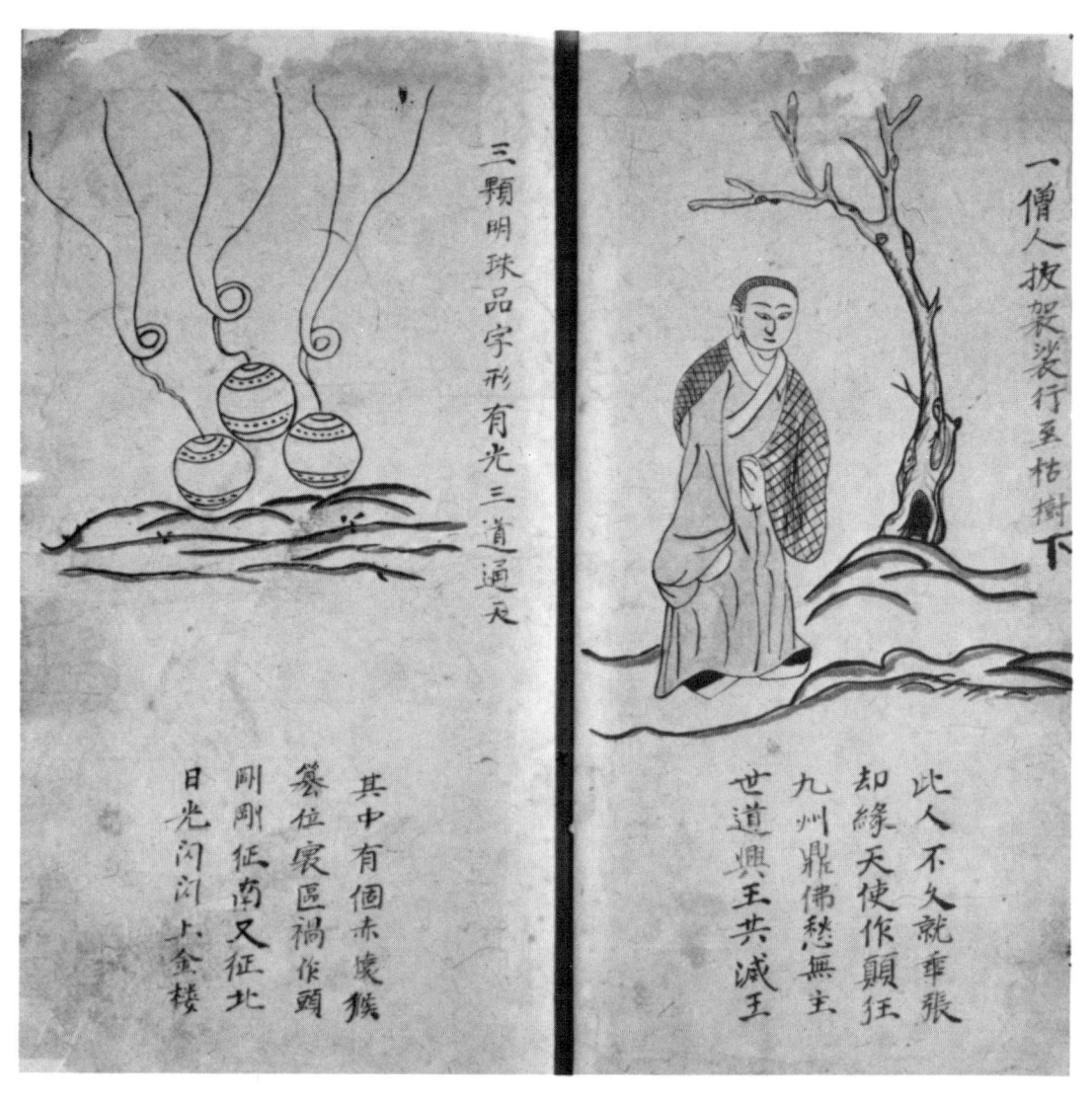

Drei helle Kugeln, aufgereiht in der Form des Schriftzeichens *P'in*, ziehen mit einer glänzenden Bahn über den Himmel.

Zwischen *ihnen* befindet sich ein roter Affe[1].
Er reißt den Thron an sich und das Reich, er bildet den Kopf des Unheils.
Gerade macht er einen Feldzug nach dem Süden, dann einen nach dem Norden.
Der Sonnen*glanz* liegt blitzend auf dem goldenen Turm.

Station 8

Ein Mönch im Priestergewand schreitet unter einem verdorrten Baum[1].

Wenn dieser Mann [erscheint], dann dauert es nicht [mehr] lange bis das Unheil sich breit macht.
So ist es schicksalhaft, daß der himmlische Gesandte[2] Umsturz und Wahnsinn verursacht.
Kaiserliche Macht und Buddhaherrschaft auf den Neun Kontinenten sind betrübt ob des Fehlens eines Herrschers.
Der Lauf der Zeit läßt einen König gedeihen und gemeinsam einen König verderben.

[1] In späteren Texten erscheint auf dem Bild unter den Kugeln tatsächlich ein Affe.

[1] In späteren Texten fast immer ein achtfach geteilter Baum.
Fluß machen sich die Blüte der Kriegskunst
[2] In den meisten Texten stattdessen »Himmelssohn« (hier also ein unrechtmäßiger Herrscher).

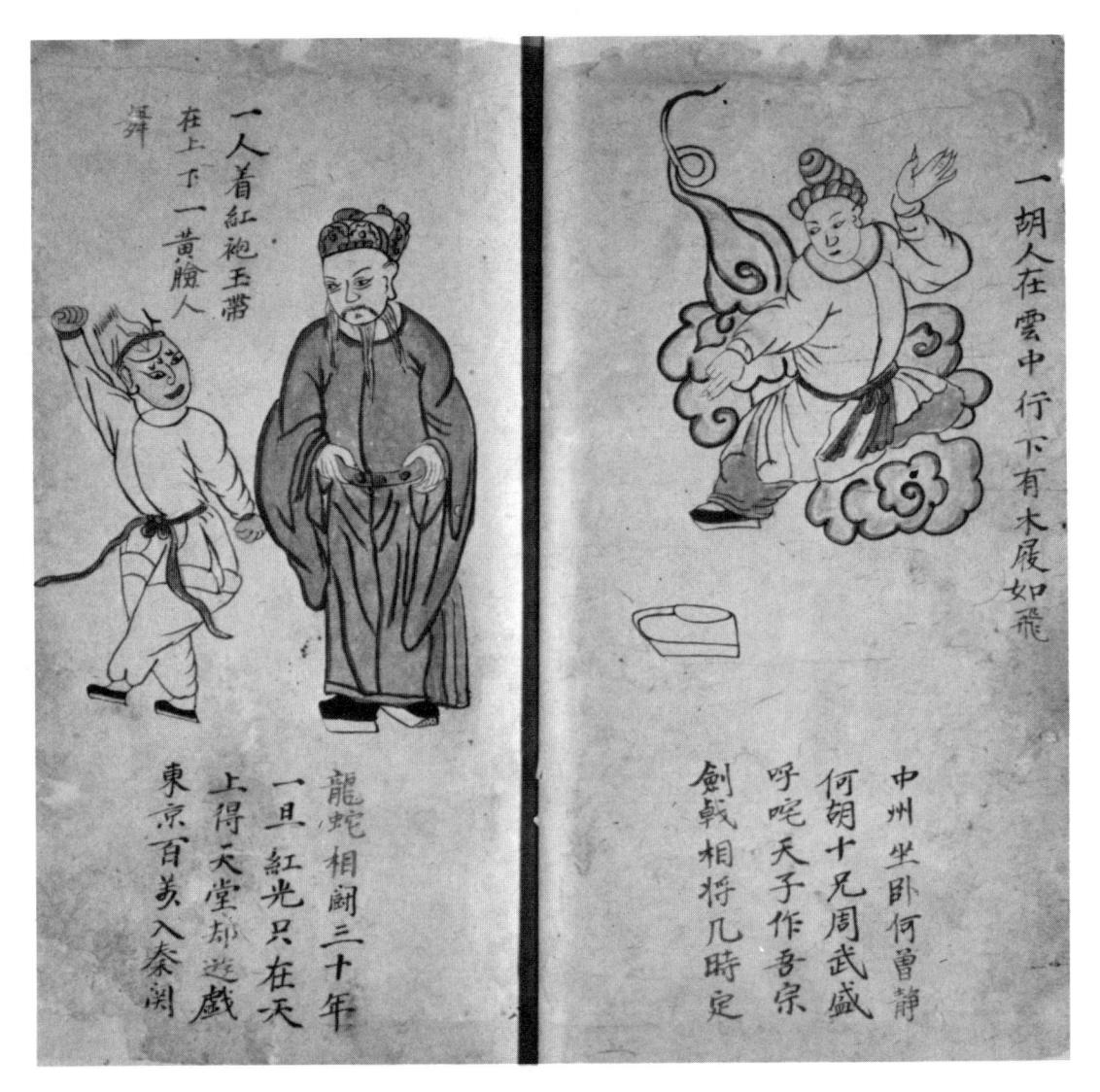

Station 11
Ein Mann mit rotem Gewand und jadenem Gürtel steht oben. Unter ihm tanzt ein Mann mit [geschminktem] gelbem Gesicht.

Drache und Schlange kämpfen miteinander 30 Jahre.
An einem Morgen ist nichts als roter Glanz[1] über dem ganzen Himmel.
Sobald er oben an der Himmelshalle angelangt, geht er zu den Gauklern[2].
Von der Östlichen Hauptstadt strömen hundert mal zehntausend [Menschen] in die Pässe von Ch'in[3].

Station 10
Ein Nordbarbar geht in den Wolken. Unter ihm ein Holzschuh, als wenn er flöge.

Im Mittleren Kontinent, wann wird man je Ruhe haben, sich niederzulassen und dazuliegen?
Die zehn älteren Brüder vom Nördlichen Gelben zunutze.
Der schreiende und fluchende Himmelssohn hat sich zu unserem Ahn erhoben.
Wann wird es einmal zuende sein, daß gegeneinander geführt werden Degen und Hellebarde?

[1] Statt »roter Glanz« haben manche Texte »gleicher Glanz«, was mit einer »Regierungsdevise« (923—925) gleichlautend ist.
[2] Eigentlich: Theater. Das chinesische Theater stand in früher Zeit aber vielfach für alle Arten von vulgären Lustbarkeiten.
[3] Westchina.

Station 13
   Oben aus einem Haus lodern Flammen.

Ein «wahrer Mensch¹» empfängt die Gleichheit mit dem Himmel.
Anführend die Scharen der Barbaren kommt er zur Thronbesteigung.
Mutter und Sohn schreien und weinen und betrauern den Helden.
Erst inmitten des wilden Feuers [findet] das Suchen eine Antwort².

Station 12
   Ein König mit einer Befehlsflagge, der einen Amtsstab in den Händen hält, führt zu Pferde eine Armee an. Wo er eine Brücke passiert, stellt sich ihm ein Mann entgegen und schießt auf ihn mit dem Bogen.

Nachdem sie zu den *Strömen* von Ch'in¹ gelangt, wann wird man sich je wieder niederlassen können?
Wenn Vater und Sohn im Osten und Westen den leeren Bogen² lieben,
Dann ist es schicksalshaft, daß die himmlischen Gesandten³, ein, zwei Leute an der Zahl,
Zur nämlichen Stunde [noch Erfolge] sammeln im Osten, da sie [bereits] vernichtet sind.

¹ Ausdruck für einen (ursprünglich taoistischen) Heiligen.
² Andere Texte: »... kann es eine Antwort geben«.

¹ Ausdruck für die Westprovinz Ssuch'uan.
² In den meisten Texten stattdessen: «... den kostbaren Bogen empfangen» oder leere (ausgestorbene) Gegenden empfangen».
³ Vergleiche Station 8.

Station 15

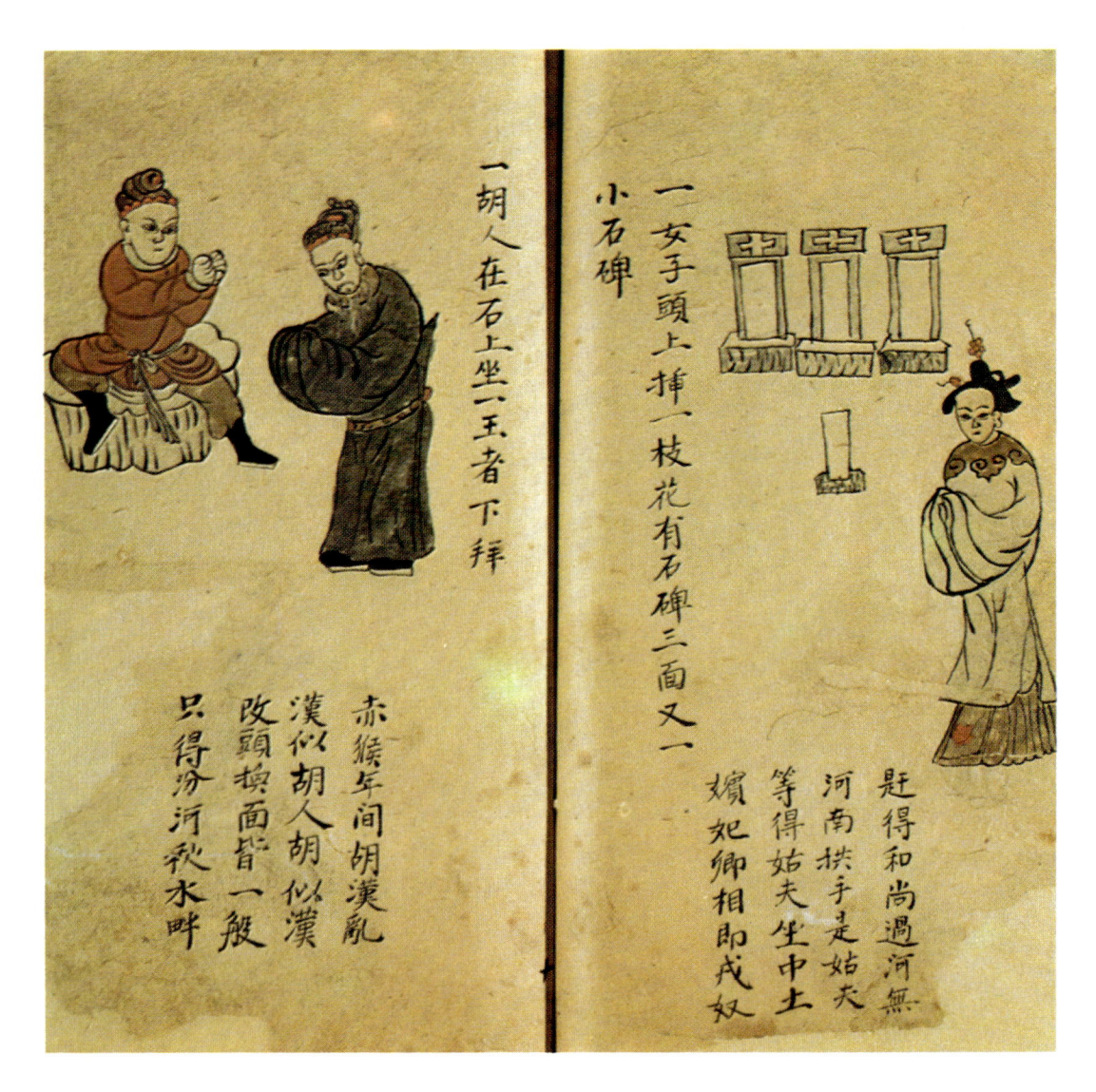

Ein Nordbarbar sitzt auf einem Stein. Ein König verneigt sich unter ihm.

Im Jahre des roten Affen[1] gibt es Verwirrung zwischen *Nordbarbaren* und *Chinesen*.
Die *Chinesen* ähneln den *Barbaren*, die *Barbaren* den *Chinesen*.
Sie ändern die Köpfe und wechseln die Gesichter, alles zusammen.
[Aber] sie gewinnen nur [die Gebiete] des [Gelben] Flusses und des Fen-Flusses[2]. Grenzpfade [bleiben] in den Herbstfluten[3].

Station 14

Ein Mädchen mit einem Blütenzweig im Haar. Dazu drei [große] und ein kleiner Gedenk- (oder Grab-) Stein.

Verfolgend ergreift man den Buddhistenpriester, geht über den [Gelben] Fluß, da ist nichts.
Südlich des Flusses begrüßt man mit zusammengelegten Händen: das ist der Onkel[1].
Wartend ergreift man den Onkel[1] und setzt sich nieder auf die Mittelerde[2].
Kaiserliche Frauen, Adlige und Minister werden Sklaven der Jung-Barbaren[3].

---

[1] Das rote Affenjahr *(ping-shen)* entspricht in dem chinesischen Sechziger-Jahreszyklus dem 33. Jahr. Es kehrt also alle 60 Jahre wieder, so etwa beispielsweise im Jahr 1836, 1896, 1956, 2016 usw.
[2] Nebenfluß des Gelben Flusses in der Nordprovinz Shansi.
[3] Andere Texte: »Ganz Chin-yang (alter Ausdruck für Nordchina) wird betroffen, [aber] Sand und Wasser [bleiben] als Grenzpfade«.

[1] Oder: »Schwager«. Der Ausdruck *ku-fu* bedeutet entweder den angeheirateten Mann einer Schwester des *Vaters* oder des *Ehemannes*.
[2] Vergleiche Station 3.
[3] Barbaren im Norden und Westen Chinas.

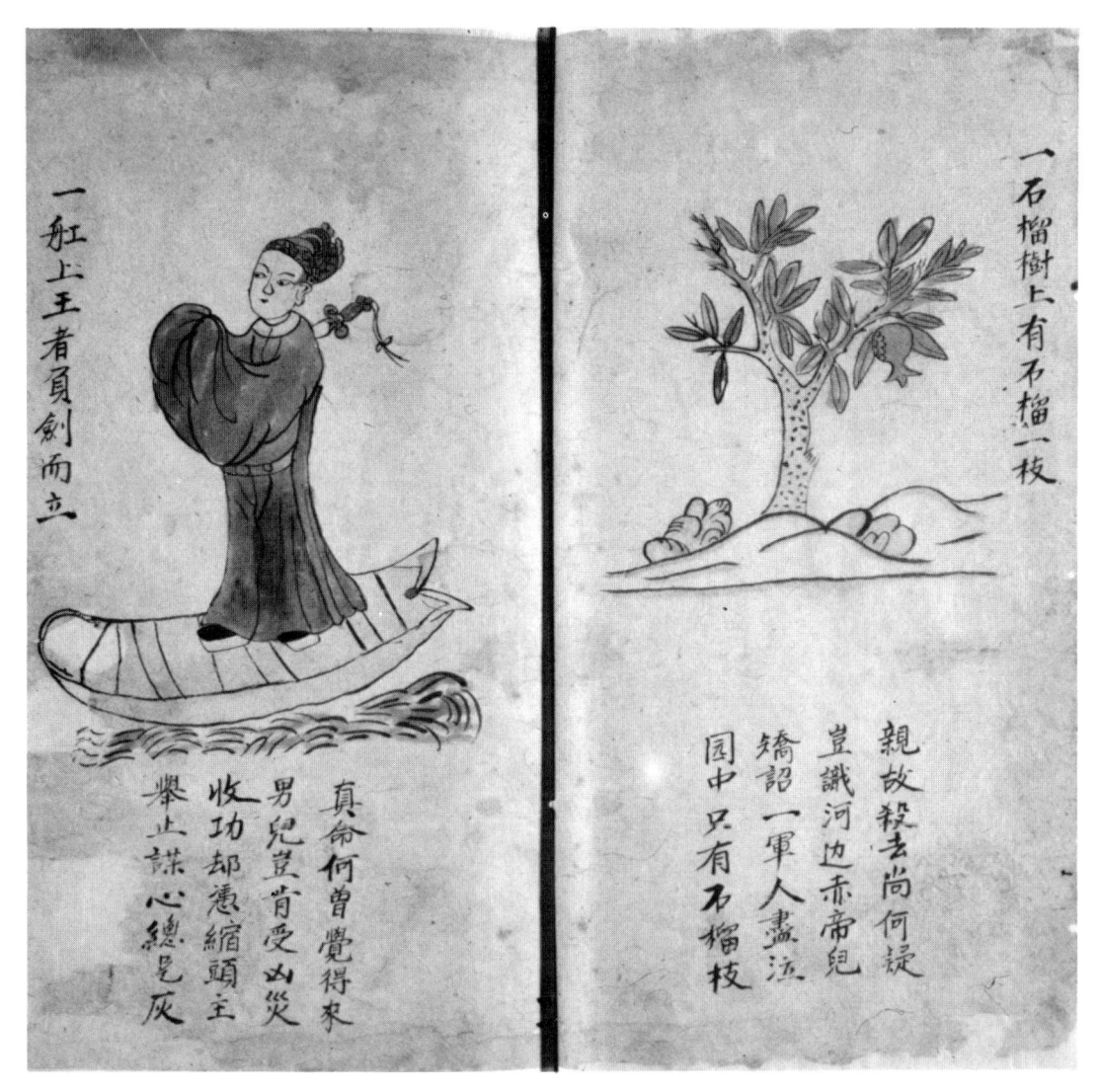

Station 17
In einem Schiff steht ein König mit einem geschulterten Degen.

Das wahre [himmlische] Mandat[1], wann wohl darf man spüren, daß es [wieder auf uns] gekommen ist?
Der Knabe, wie wäre er willens, Unheil und Katastrophen zu empfangen?
Er sammelt Erfolge und verzichtet auf Beweise, der Herrscher mit dem eingezogenen Kopf.
Sein Gehabe und sein Nachsinnen, sie alle sind Asche.

Station 16
An einem Granatapfelbaum ist ein Granatapfel.

Verwandte und Freunde sind ermordet und vertrieben, wer noch [da ist], das erscheint zweifelhaft.
Wie wüßte man schon um den Sohn des roten Kaisers am Ufer des [Gelben] Flusses?
Ein Heer [tritt auf] durch gefälschten kaiserlichen Befehl, alle Leute weinen.
Im ganzen Lande gibt es nur noch *Granatäpfelzweige*.

---

[1] Der Ausdruck *ming* bedeutet gleichzeitg »Befehl«, »Schicksal«, »Leben« und im politischen Bereich das »himmlische Mandat«, mit dessen Hilfe die Herrscher der einzelnen chinesischen Dynastien zu regieren glaubten.

Station 19
Über einem Baum ist ein bunter Schirm aufgespannt.

Die munter einherziehende Armee, zu welcher Zeit wird sie noch existieren?
Ein Schaltmonat[1], von Anfang an gerechnet 29 Mal.
Ein prachtvoller, bunter [Schirm] bedeckt den Wipfel eines Baumes.
Schwer wird es den goldenen Brüdern gelingen zu Nachfahren zu werden für die goldenen Freunde.

Station 18
In einem [umfriedeten] Garten steht ein Granatapfelbaum. Innerhalb der Mauer [versucht] ein Beamter mit einem Stock [Granatäpfel herunter] zu schlagen, außerhalb der Mauer schlagen zwei Krieger [ebenfalls] mit Stöcken [gegen den Baum].

Wer hätte gedacht, daß da ein Oberschurke ist an der verfallenen *Mauer*?
Ein Glück, daß es *Palastbedienstete*[1] gibt, mit Bogen [bewaffnet] und erwachsen[2].
Der Weg des Himmels ist noch nicht verlustig gegangen, der Weg der Menschen gerade.
Durch siebenfach aufgestapelte Waffen [verursachte] Unordnung und Auflösung [kommt wieder] zurecht.

[1] Der chinesische Mondkalender, dessen Monate 29 bis 30 Tage haben, benutzte jedes zweite bis dritte Jahr einen Schaltmonat, um sich dem Sonnenkalender anzugleichen. »29 Schaltmonate« entsprechen damit etwa 80 Jahren.

[1] Gewöhnlich: Eunuchen.
[2] Die Kombination der Zeichen »Bogen« und »erwachsen« verweist in prophetischen Sprüchen oft auf den (häufigen) Familiennamen Chang, der sich aus den Elementen »Bogen« und »erwachsen« zusammensetzt.

50

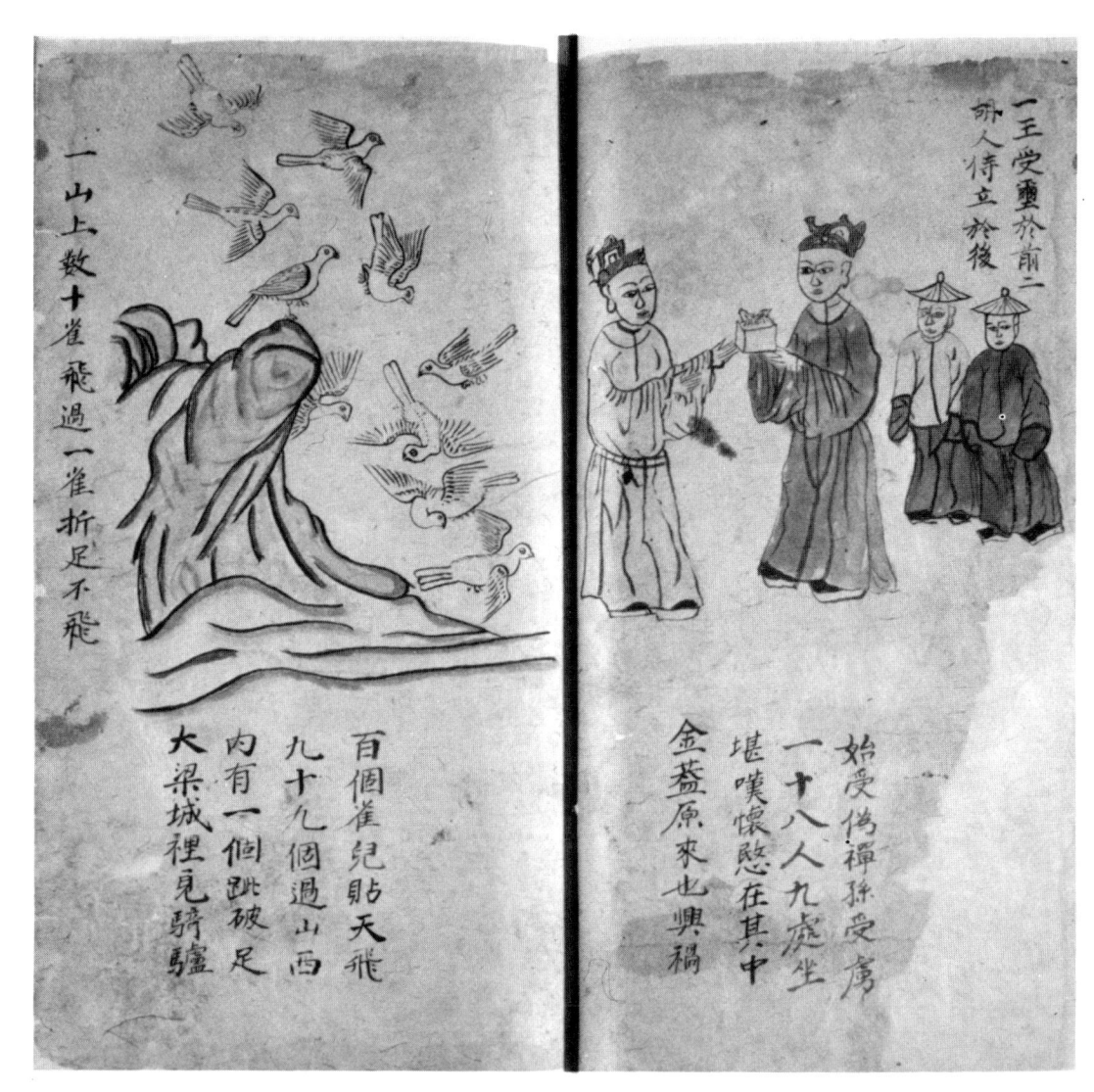

Station 21
    Über einen Berg fliegen einige Zehn kleine Vögel. Einer bricht sich das Bein und fliegt nicht [mehr weiter].
Hundert kleine Vögel fliegen nebeneinander am Himmel
99 streichen westlich des Berges vorbei
Einer [aber] berührt [ihn] mit dem Fuß und bricht sich das Bein
In der Stadt von Groß-Liang[1] sieht man Reiter auf Eseln.

Station 20
    Im Vordergrund nimmt ein König das Reichssiegel entgegen. Im Hintergrund stehen zwei Nordbarbaren dienstbereit.

Erst *nimmt er [ihn] an*, dann entsagt er dem Thron — zum Schein; sein Enkel empfängt Gefangenschaft.
Die einmal zehn und acht Menschen, wie viele werden Wohnung finden und sich niederlassen?
Man seufzt unter der Last und fühlt Bedauern im Herzen, wenn man unter ihnen weilt.
Gold bedeckt den Anfang, und doch kommt Unheil auf.

---

[1] Name sowohl verschiedener Plätze als auch zweier Dynastien (502—556 und 907—922).

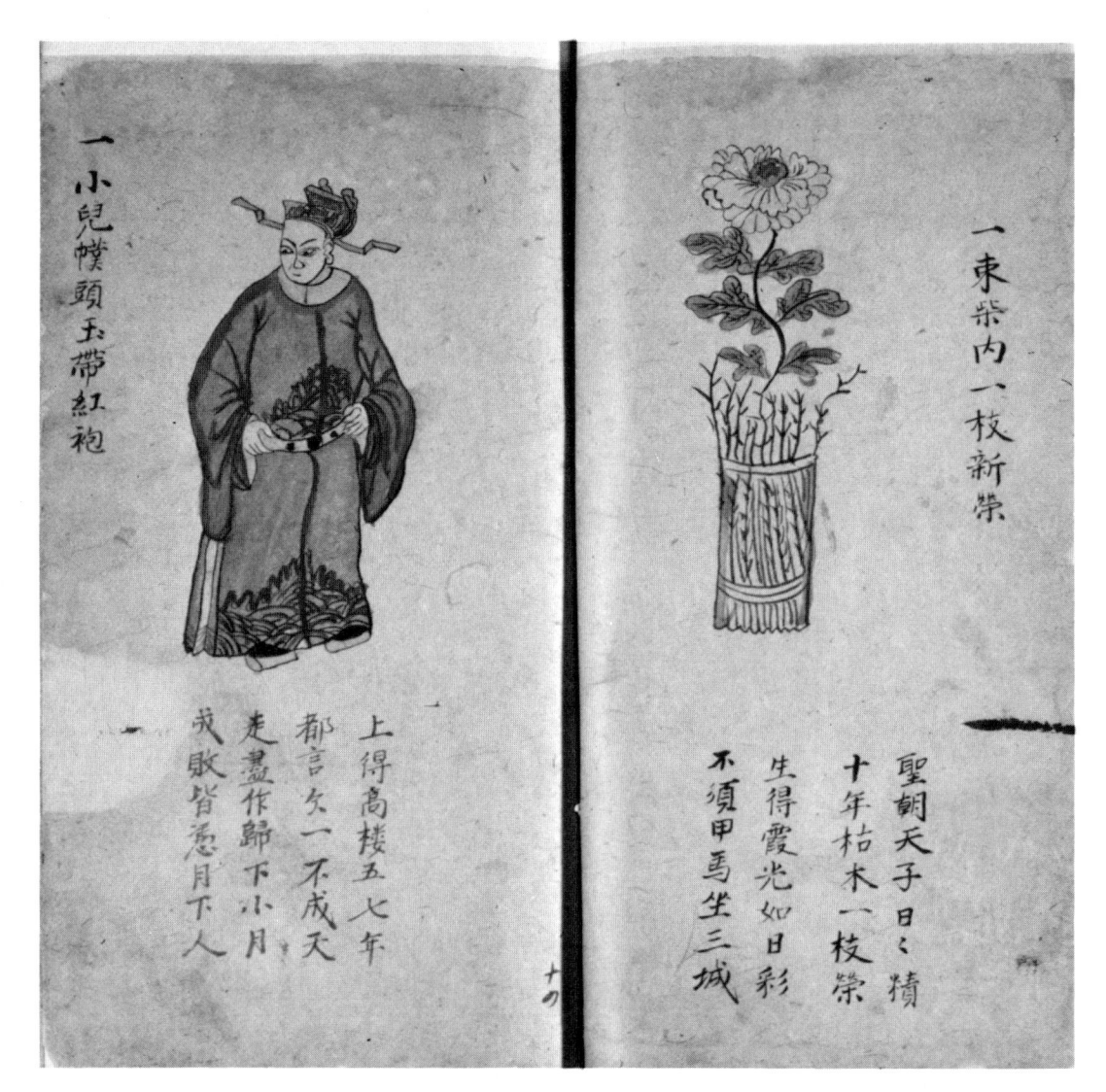

Station 23
  Ein Knabe, angetan mit Barett, Jadegürtel und rotem Gewand.

Oben erlangt man den hohen Turm [für] fünf bis sieben Jahre
Alle sagen [aber]: Fehlt noch eines, so wird man des Himmels [Willen] nicht vollenden.
Die [weg] gelaufen sind, sie sämtlich wenden sich zu dem unteren kleinen Mond[1].
Erfolg und Mißerfolg hängen ausnahmslos ab von dem Mann unter dem Mond.

Station 22
  In einem Reisigbündel kommt ein Zweig zu neuer Blüte.

Der Himmelssohn einer heiligen Dynastie [zeigt] Tag für Tag [mehr] seine Geisteskraft[1].
An einem zehn Jahre lang verdorrten Baum erblüht ein Zweig.
Wachsend gewinnt er morgendlichen Glanz gleich den bunten Strahlen der Sonne.
Es ist nicht nötig, [mit] Panzern und Pferden [der Armee] in drei Städten zu verweilen.

---

[1] »Kleiner Mond« heißt normalerweise der »kürzere Monat« mit 29 (statt 30) Tagen, hier legt aber die letzte Zeile eine andere Übersetzung nahe. Vergleiche auch die folgende Station 24.

[1] Im hier verwendeten Text liegt eine eindeutige Verschreibung vor, die durch den Reim und durch andere Ausgaben korrigiert werden kann.

一人王服端坐数人王
服朝圭立

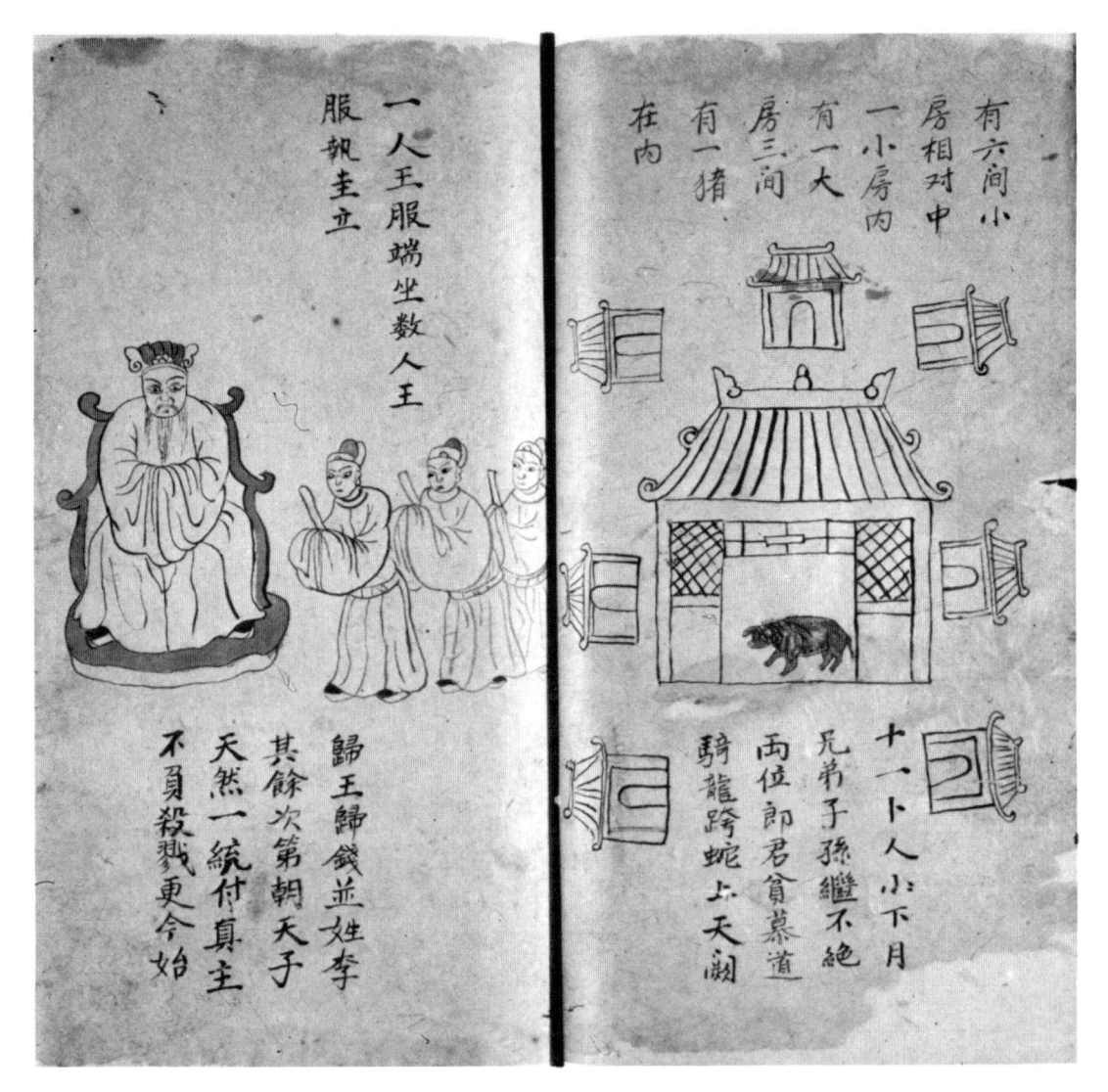

歸王歸錢並姓李
其餘次第朝天子
天然一統付真主
不負殺戮更令始

有六間小
房相對中
一小房內
有一大
房三間
有一猪
在內

十一卜人小下月
兄弟子孫繼不絕
兩位郎君貪慕道
騎龍跨蛇上天關

Station 25

Ein Mann, angetan mit einem Königsgewand, sitzt würdevoll [auf dem Thron]. Ein paar Leute, [ebenfalls] mit königlicher Tracht, stehen mit ihren Amtsstäben daneben.

Man geht zum König, man geht zum Geld, gemeinsam [trägt] man den Familiennamen Li[1].
Was sonst noch ist, kommt der Reihe nach beim Himmelssohne zur Audienz.
Wie von selbst hängt die ganze [Welt] an dem wahren Herrscher.
Ohne Tötung und Hinrichtung auf sich zu nehmen, hat er den jetzigen neuen Anfang herbeigeführt.

[1] Der Familienname Li wurde von den Herrschern der T'ang-Dynastie (618—907) getragen (vergleiche Station 2).

Station 24

Sechs kleine Häuser stehen sich [in zwei Reihen] gegenüber, zwischen [ihnen] befindet sich ein [weiteres] Haus. Innerhalb [dieses Halbkreises] steht ein großes Haus mit drei Zimmern, in einem ist ein Schwein.

Elf Wahrsager, der untere kleine Mond[1].
Ältere und jüngere Brüder, Söhne und Enkel folgen einander ohne Unterbrechung.
Wenn aber zwei Throne von Herrschern bestiegen werden, [beginnen] die Armen sich nach dem [rechten] Weg zu sehnen.
Wenn man den Drachen besteigt und auf der Schlange reitet, geht einem der höchste Himmel verlustig.

[1] Die sieben auffallend einfach gebauten Zeichen der ersten Zeile sind typisch für »zerlegte Zeichen«, die in ihrer Zusammensetzung auf ein anderes Zeichen verweisen. Im vorliegenden Falle ist fast mit Sicherheit das Zeichen Chao, der Familienname der Herrscher der Sung-Dynastie (960—1280), gemeint, der sich aus den Elementen »elf«, »Wahrsager« und »kleiner Mond» «darunter aufgebaut») . Auch die dritte Zeile der vorangegangenen Station 23: »weggelaufen ... unteren kleinen Mond« ergibt zusammengesetzt das Zeichen Chao.

Station 27

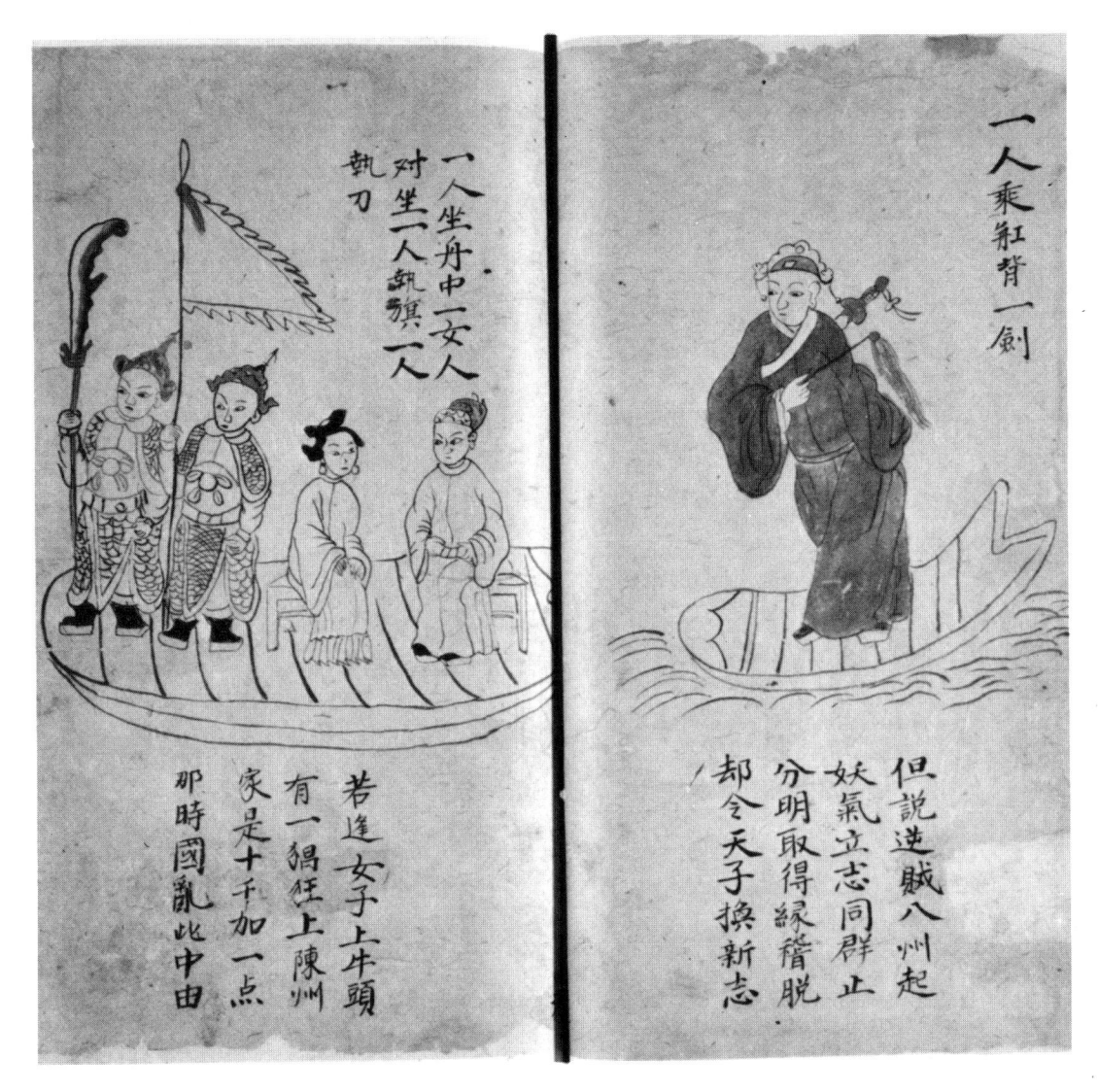

Ein Mann sitzt in einem Boot, eine Frau sitzt ihm gegenüber. [Daneben] steht ein Mann mit einer Fahne und ein Mann mit einem Schwert.

Wenn man die Frau trifft am Oberen Rinderkopf,
Dann gibt es da einen Wahnsinnigen im Oberen Ch'en-chou[1].
Die Familie ist zehn mal tausend und dazu noch ein bißchen.
In jener Zeit herrschte Wirrsal im Lande: hier trifft man den Grund.

---

[1] Eine Landschaft im nördlichen Zentralchina. Das Zeichen Ch'en ist aber in anderen Versionen des Textes durch jeweils verschiedene andere Zeichen ersetzt.

Station 26

Ein Mann fährt dahin in einem Schiff mit einem Degen auf dem Rücken.

Man [kann] nur sagen: Wehret den Rebellen, die sich auf den Acht Kontinenten[1] erhoben haben.
Eine spukhaft-widernatürliche[2] Atmosphäre hat sich zum Ziele gesetzt, unsere eigenen Leute[3] ein Ende finden zu lassen.
Wenn man es jedoch klar analysiert, so kann man es fassen und es, von Grund auf untersuchend, ausmerzen.
So ergehe an den Himmelssohn der Befehl, zu verhindern und ein neues Ziel zu setzen.

---

[1] Also auf allen acht bekannten, China umgebenden Kontinenten außer auf dem einen, neunten, in der Mitte, der China selbst umfaßt.
[2] Der Ausdruck schließt den Gedanken an »Aberglauben« speziell fremder, unchinesischer Herkunft, ein.
[3] Wörtlich: «die Volksmengen von gleicher (das heißt chinesischer, im Gegensatz zu nichtchinesischer, barbarischer) Art«. Der ganze Text läßt an den Buddhismus und seinen Einfluß auf China zwischen dem 3. und 10. Jahrhundert nach Christus denken, zumal der Mann im Schiff in manchen Texten als Ausländer charakterisiert ist.

一王者皆王服坐氈帳內如笑如泣

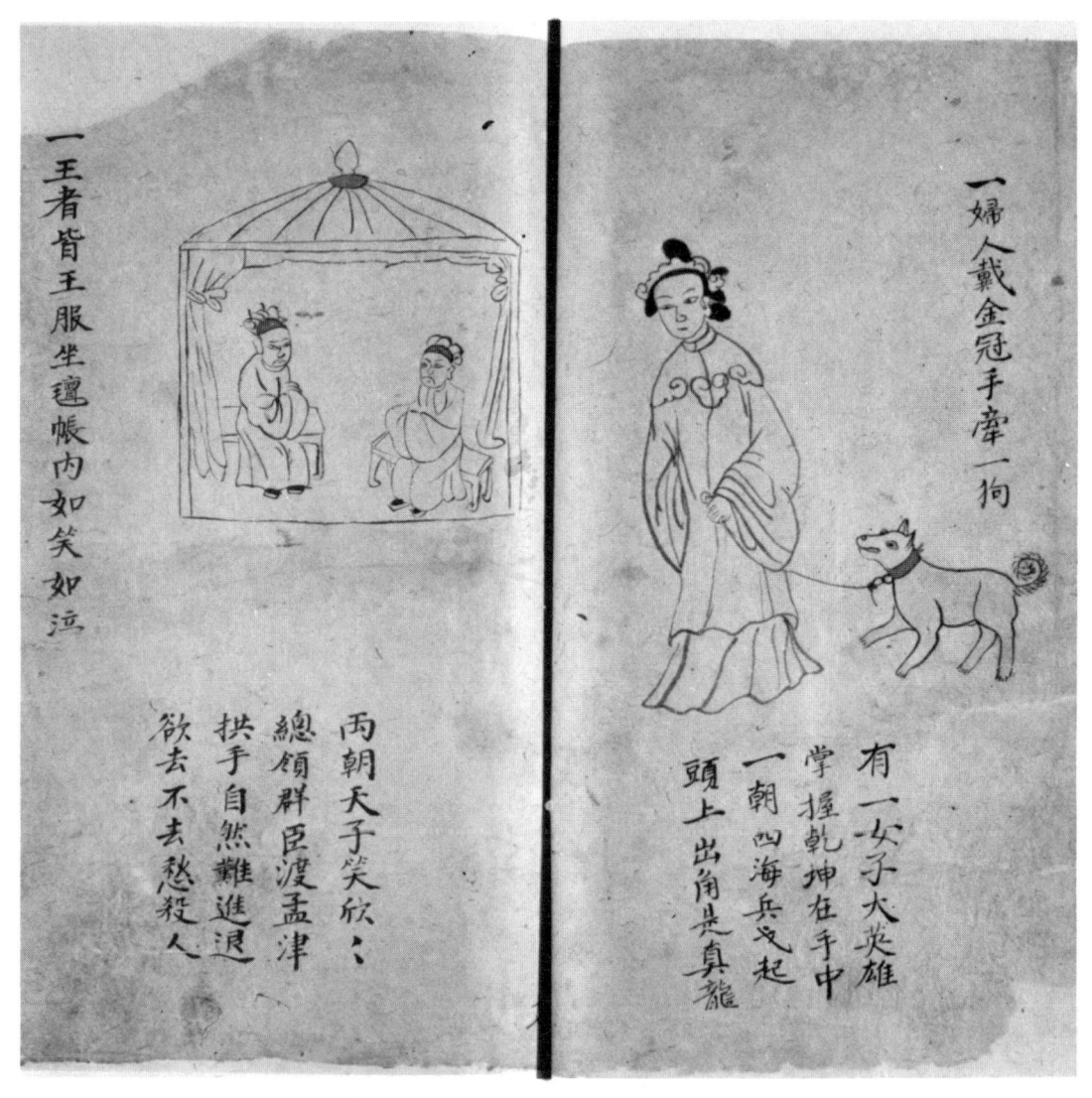

丙朝天子笑欣欣
總領群臣渡孟津
拱手自然難進退
欲去不去愁殺人

一婦人戴金冠手牽一狗

有一女子大英雄
掌握乾坤在手中
一朝四海兵戈起
頭上出角是真龍

Station 29
    Zwei Könige, beide in königlicher Tracht, sitzen in einem Zelt aus Filz, als ob sie lachten, als ob sie weinten[1].
Die Himmelssöhne zweier Dynastien lachen und lassen es sich froh sein.
Die Führer und Minister überqueren die Meng-Furt[2],
Mit zusammengelegten Händen grüßend — da wird es natürlich schwer, voranzugehen oder sich zurückzuziehen.
Sie wollen weggehen, aber [können] nicht weggehen. Trauer um die getöteten Menschen.

Station 28
    Eine Frau mit einer Goldkrone auf dem Kopf führt mit der Hand einen Hund an der Leine.
Eine Frau ist da, eine große Heldin.
Sie kontrolliert Himmel und Erde [als] seien sie in ihrer Hand.
An einem Morgen werden die Waffen [überall im Lande zwischen] den vier Meeren[1] erhoben.
[Doch] wenn einem auf dem Kopf Hörner herauskommen, dann [erst] ist man ein wahrhaftiger Drache.

[1] Der Text ist hier besonders doppeldeutig, Übersetzungen entweder: »...[mit einem Gesicht] als ob sie [gleichzeitg] lachten und weinten«, oder: »...[der eine sieht aus] als ob er lachte, [der andere] als ob er weinte«. Auf den Bildern in den verschiedenen Texten sind alle Möglichkeiten abgebildet: beiderseits entweder indifferente oder lachende oder auch weinende Gesichter, oder aber der eine König weinend, der andere lachend.
[2] Liegt in der heutigen nördlichen Zentralprovinz Honan.

[1] Ausdruck für »die ganze Welt«.

Station 31

    Drei Männer in Rüstung halten Schwerter in den Händen. Ein Affe streckt die Hand aus. Drei Schweine rennen daher.
Dreißig Ratten lieben menschliche Beziehungen.
Der Mensch hat keine rechte *Hand*, und keinen Menschen zum Vertrauen.
Der fruchtbare Kontinent[1], der davon betroffen ist, [birgt aber] einen Ch'in Shu-pao[2],
[So gibt es doch] wie von selbst einen Himmelsgesandten[3] und es kommt noch einmal zu einer Erholung.

Station 30

    Vor einem Weihrauchbecken verneigt sich [ein Mann] mit einem Barett. Zwei Nordbarbaren stehen [hinter ihm] dienstbereit.
Dieser Gelbe Fluß, sein Schicksalslauf ist glückhaft[1].
T'ang, Yü, Yin, Chou sowie auch Huo Kuang[2], Zeitlebens wirkten sie im Verborgenen, niemand vermochte sie im voraus zu berechnen.
[Ihre] Namen und Daten [aber] wurden dem »klaren Kaiser« kundgetan.

---

[1] Zugleich Name einer Landschaft in der Nordprovinz Shansi.
[2] Ch'in Shu-pao: Ch'in Ch'iung (6./7. Jahrhundert), mutiger Offizier, der dem Gründer der T'ang-Dynastie mit auf den Thron half. Seither oft als »Türgott« zur Abwehr böser Einflüsse auf Eingangstore öffentlicher Gebäude gemalt.
[3] Vergleiche Station 8.

[1] Wörtlich: »Schicksalslauf Sohn glänzend«. Das Wort «Sohn» konnte in der Übersetzung nicht untergebracht werden.
[2] T'ang: der mythische Kaiser Yao; Yü: der mythische Kaiser Shun. Chou: der »Herzog von Chou«, eine, wenngleich historische (ca. 11. Jahrhundert vor Christus), konfuzianische Idealfigur eines Regenten; Huo Kuang (gestorben 68 vor Christus): ebenfalls ein Musterregent, aus historischer Zeit.

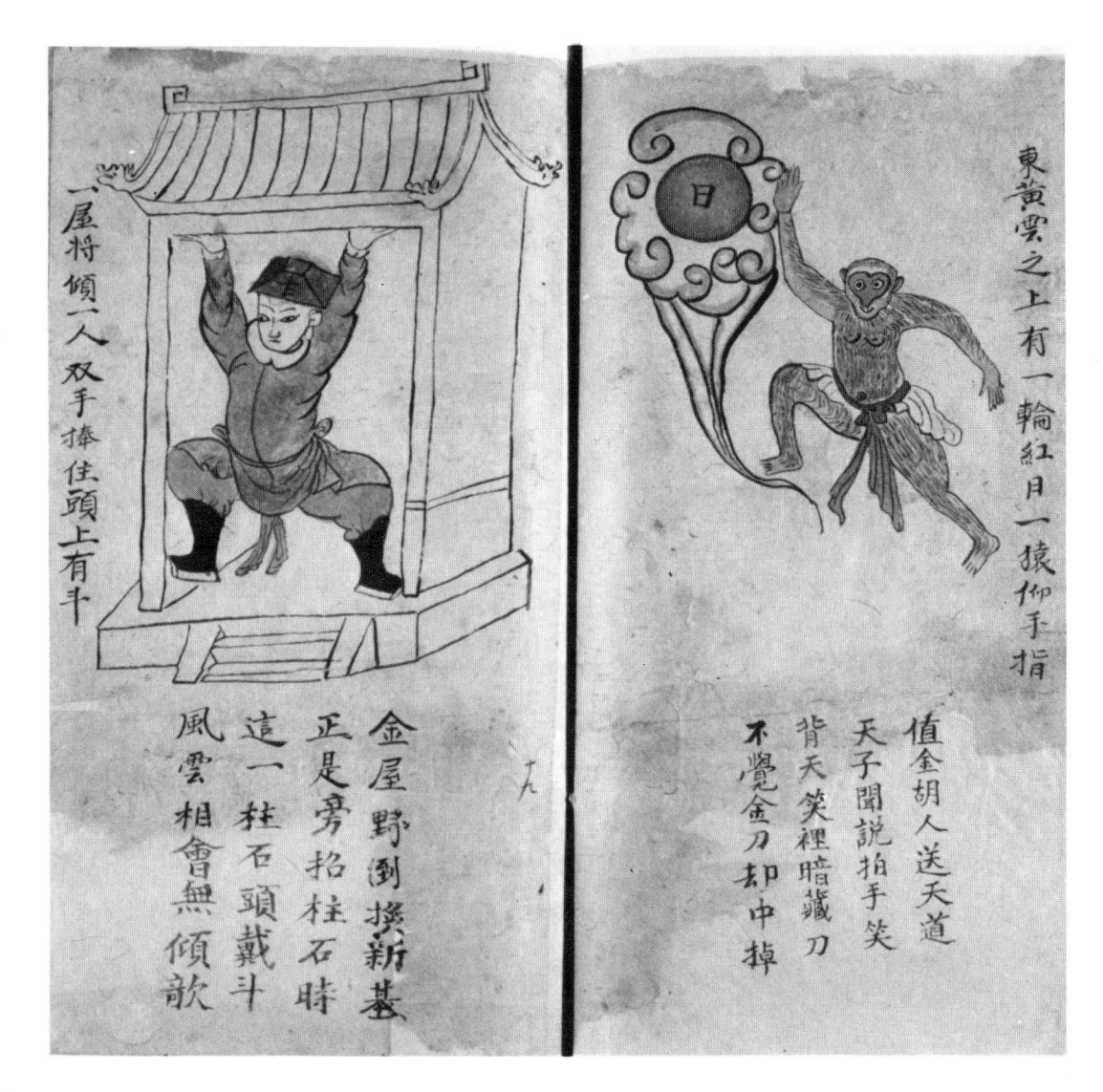

Station 33
> Ein Haus ist am Zusammenbrechen. Einer stützt es mit beiden Armen, um es zu halten. Auf seinem Kopf hat er ein Tou[1].

Das goldene *Haus* ist in der Wildnis *am Zusammenbrechen*, man muß erneuern die Fundamente.
Um es gerade und recht zu machen, ist es Zeit, *zum Stützen* einen Säulenstein herbeizuholen.
Dieser Säulenstein trägt *auf dem Kopf ein Tou*[1].
Wenn Sturm und Regen[2] dann zusammentreffen, wird sich [das Haus] nicht mehr zur Seite neigen.

Station 32
> Über einer im Osten [stehenden] gelben Wolke ist ein rotes Sonnenrad. Ein Affe hebt die Hand [mit gespreizten] Fingern.

Goldeswerte Nordbarbaren geleiten [einen] auf den himmlischen Weg.
Der Himmelssohn hört [diese] Rede, klatscht in die Hände und lacht.
[Er] kehrt dem Himmel den Rücken und lacht in sich hinein, [aber] im Dunkel hat man das Messer verborgen.
Wenn unversehens das metallene Messer [erscheint], dann fällt die Mitte herunter[1].

---

[1] *Tou* heißt ursprünglich »Scheffel«, bezeichnet aber alle topfartigen Hohlkörper, vor allem viereckige, darunter auch einen breiten Regenhut. Zugleich steht es für das als zauberkräftig angesehene Sternbild des Großen Wagen, der ja ebenfalls eine viereckige Form hat. In dem Bild trägt der Mann einen viereckigen Hut, auf dem vorne das (in Spiegelschrift geschriebene) Schriftzeichen für *tou* erkennbar ist.
[2] Gleichzeitig ein Ausdruck für politische Unruhen.

[1] »Mitte« steht wahrscheinlich für »China«. Der Ausdruck »herunterfallen« könnte auch mit »sich wenden«, »wechseln« übersetzt werden.

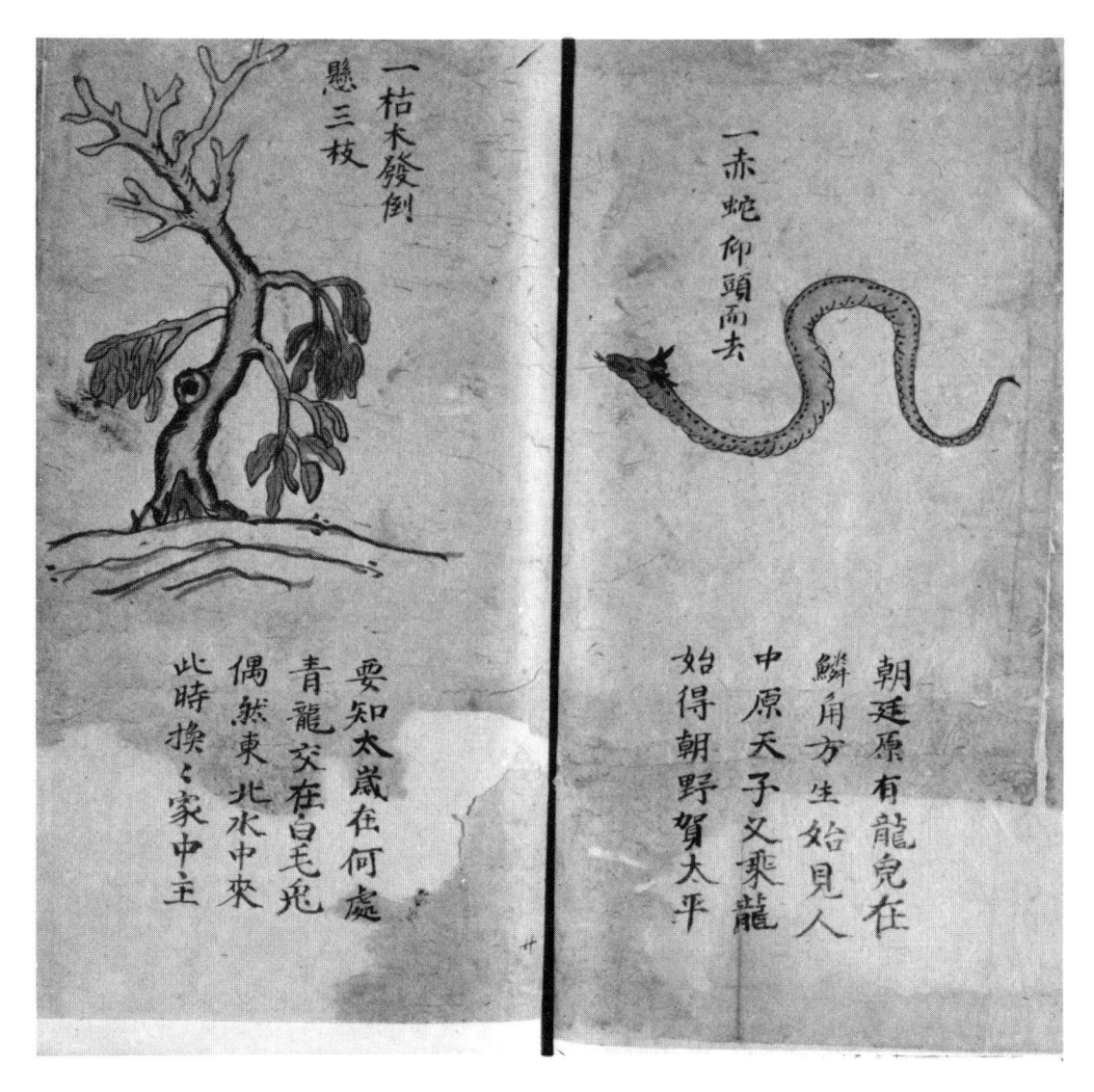

Station 35
    Aus einem verdorrten Baum sprießen drei nach unten hängende Äste.

Es ist wichtig zu wissen, an welcher Stelle der Jahresregent[1] steht.
Der *grüne* Drache hat Verkehr mit dem weißbehaarten Hasen[2].
Ganz plötzlich kommt er im Wasser von Nordosten.
Zu dieser Zeit wechselt man den Herrscher innerhalb der Familie.

Station 34
    Eine rote Schlange[1] kriecht mit erhobenem Kopf davon.

Der Hof befindet sich zu Anfang [in der Lage] eines *Drachen*[2]-Jungen.
Erst wenn seine Schuppen und Hörner gewachsen sind, [wird] er Leute zur Audienz empfangen [können].
Wenn der Himmelssohn in der Mittelebene[3] noch einmal auf dem Drachen reitet,
Werden der Hof und das Volk den »Höchsten Frieden«[4] geschenkt bekommen.

[1] Der Gott des Planeten Jupiter, dem im chinesischen Volksglauben die Ordnung des gesamten Jahresablaufs unterstellt ist. Der Gott fand erst seit der Sung-Zeit offiziell Verehrung, was darauf schließen läßt, daß dieser Spruch des *T'ui-pei-t'u* erst *nach* dieser Zeit entstanden ist.
[2] »Grüner Drache« und »weißer Hase« könnten wiederum auf Jahreszahlen innerhalb des Sechzigerzyklus verweisen (vergleiche Station 15 und 34) und zwar der grüne Drache auf Jahreszahlen wie 1854, 1904, 1964 etc., der weiße Hase auf solche wie 1831, 1891, 1951 etc.

[1] Die »rote Schlange« könnte eine Jahreszahl innerhalb des Sechzigerzyklus symbolisieren (vergleiche Station 15), und zwar (in einem Intervall von 60 Jahren, rückwärts wie vorwärts) das Jahr 1857, 1917, 1977 etc.
[2] Das Wort »Drache« steht insofern indirekt mit dem Bild in Beziehung, als die Schlange als der natürliche Widerpart des Drachens gilt.
[3] China.
[4] Ausdruck für eine paradiesische Zeit.

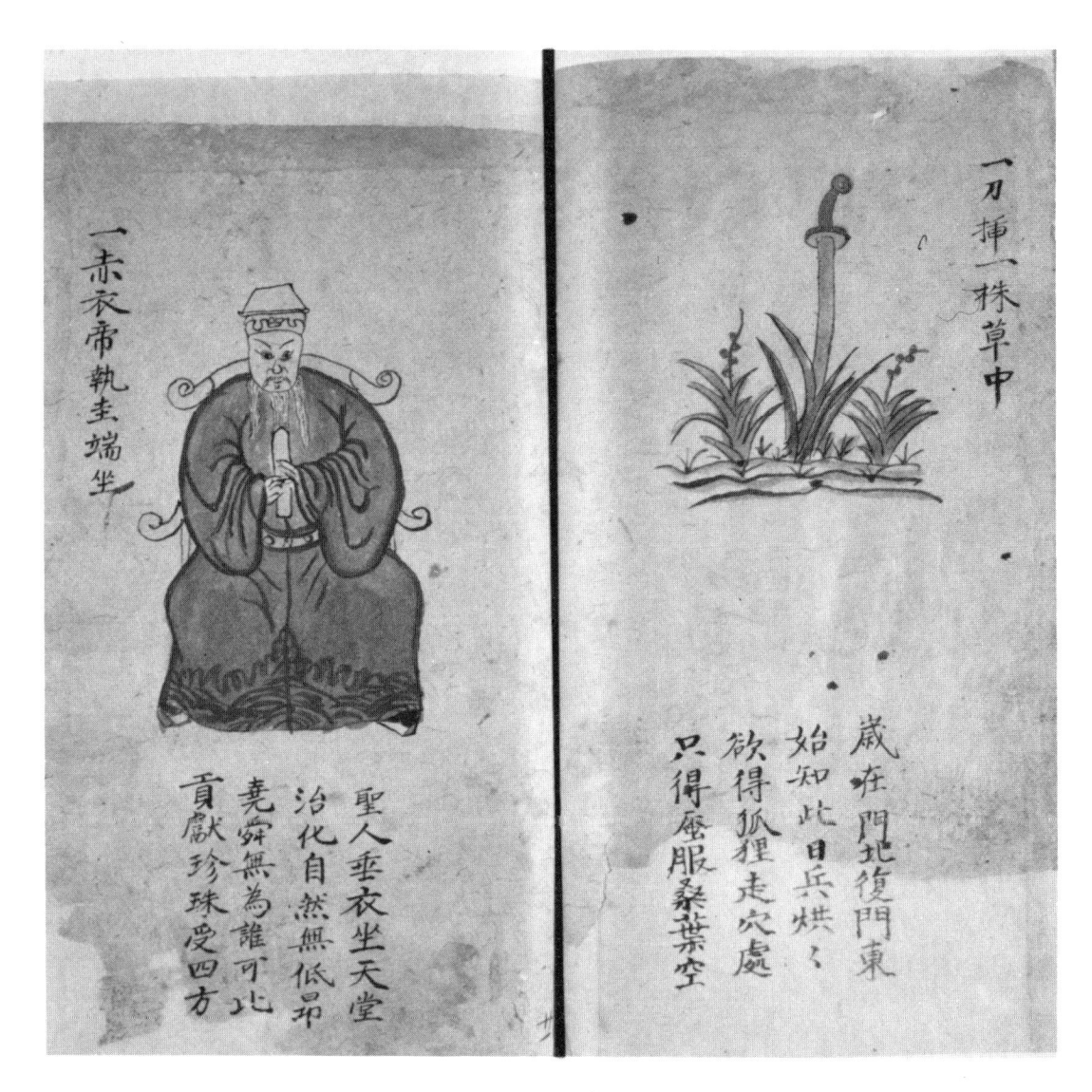

Station 37
Ein Kaiser in rotem Gewand sitzt würdevoll da mit dem Amtsstab in den Händen.

Ein Heiliger, seine Gewänder herabhängen lassend[1], sitzt in der Himmelshalle.
Ordnung und Kultur [entstehen bei ihm] aus sich selbst, es bedarf keines Aufblickens oder Niedersehens:
[So regierten einst die heiligen Kaiser] Yao und Shun mit Nicht-Handeln — wer vermöchte ihnen gleichzukommen?
Als Tributgaben Perlen und Edelsteine empfängt man aus allen vier Himmelsgegenden.

Station 36
Ein Schwert steckt in einem Bündel Gras.

Steht der Jahresregent[1] nördlich des Tores und, noch einmal, östlich des Tores,
So weiß man, daß an diesem Tag *die Waffen entbrennen.*
Man will einen Fuchs fangen, der zu seiner Höhle gelaufen ist.
[Aber] man fängt nur eine Seidenspinnerpuppe im Loch eines Maulbeerblattes.

[1] Ausdruck für die ideale passive Regierungsweise der in Zeile 3 genannten heiligen Kaiser (zu ihnen vergleiche auch oben Station 30).

[1] Vergleiche vorherige Station 35.

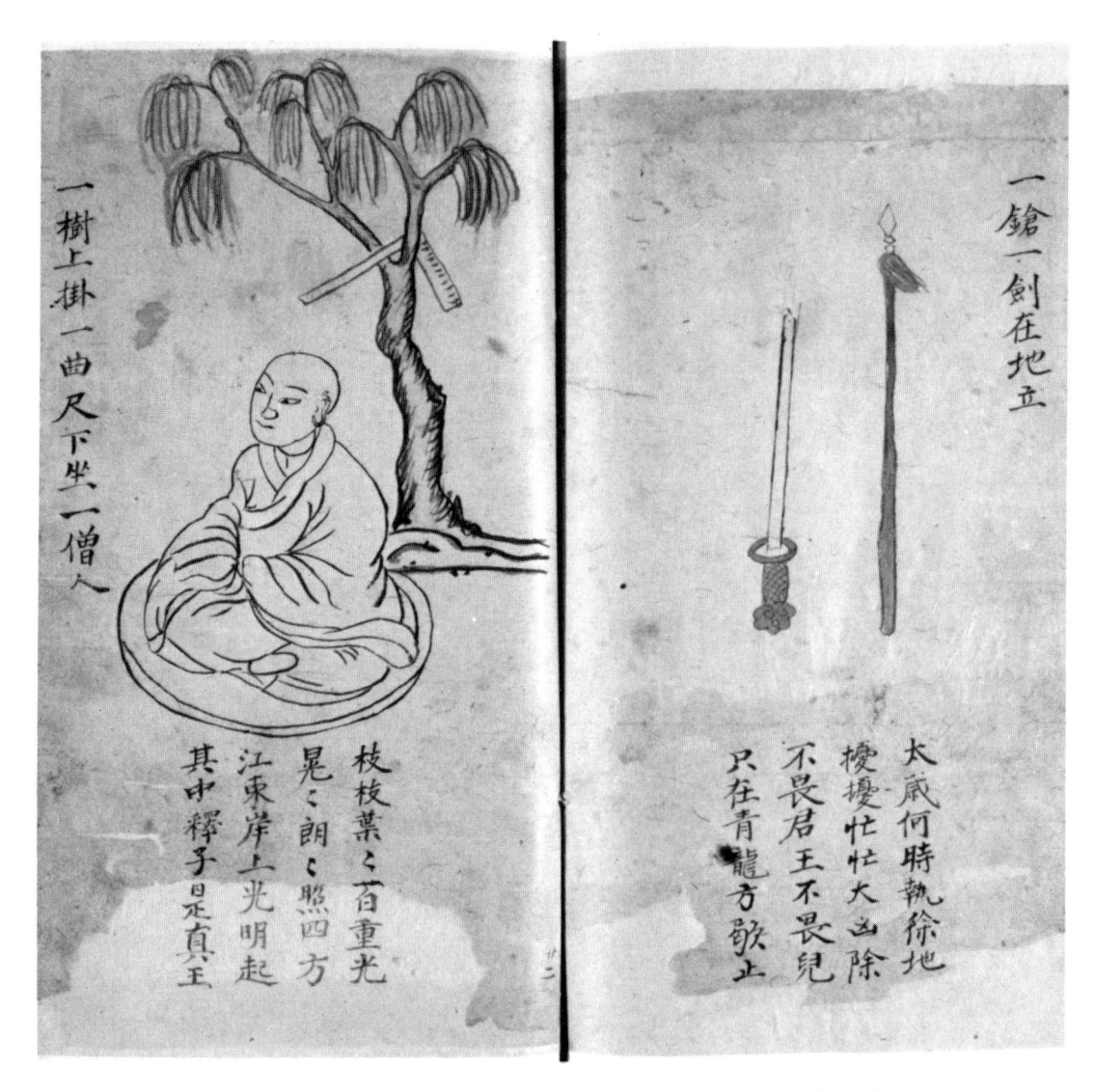

Station 39
　　An einem Baum hängt ein Winkelmaß[1]. Darunter sitzt ein Mönch.

Zweige, Zweige, Blätter, Blätter — hundertfacher Glanz.
Blendend, blendend, leuchtend, leuchtend — [so] strahlt es in die vier Himmelsrichtungen.
Am Ostufer des [Yang-tzu-] Flusses zieht auf ein helles Licht.
Der *Buddhistenmönch* darinnen, er ist der wahre König.

Station 38
　　Eine Lanze und ein Degen stehen senkrecht auf der Erde.

Wann wird der Jahresregent fest in der Hand haben die Gegend von Hsü[1]?
Unruhe und Wirbel — aber die große Katastrophe wird vermieden.
Man fürchtet nicht den König, man fürchtet nicht das Kind.
Wenn man nur erst beim Grünen Drachen[2] ist, dann [kann] man rasten.

[1] Eine bekannte Anspielung auf den Familiennamen Chu, den die Herrscherfamilie der Ming-Dynastie (1368—1644) trug. Das Zeichen *chu* setzt sich zusammen aus dem Zeichen für »Baum« und einem zusätzlichen Haken. Die Ming-Dynastie wurde von einem buddhistischen Mönch gegründet.

[1] Landschaft an der ostchinesischen Küste, etwa der Provinz Kiangsu entsprechend.
[2] Vergleiche Station 35.

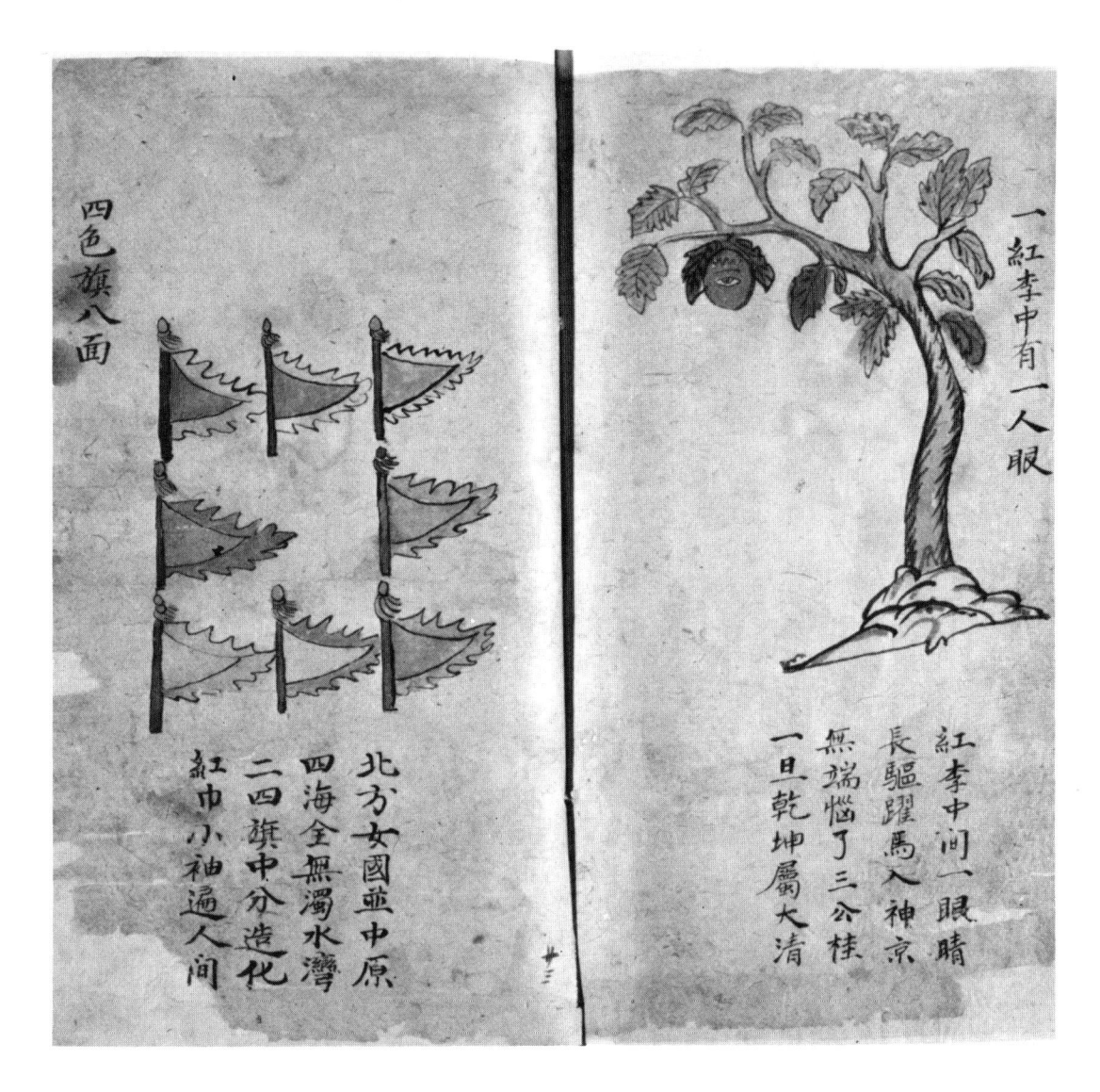

Station 41
    Acht Banner[1] in vier verschiedenen Farben.

Der Frauenstaat im Norden hat die Mittelebene vereinigt.
[In] den Vier Meeren gibt es rein gar nichts, [nur] eine Bucht mit trübem Wasser.
Innerhalb der *zweimal vier Banner*[1] wird das Schicksal geformt.
Rote Turbane, kurze Ärmel[2] [gibt es] überall unter den Leuten.

Station 40
    In einer Kirsche ist ein menschliches Auge.

In einer roten Kirsche [erscheint] ein Auge.
Der Vorstand treibt sein Pferd zum Springen an und dringt in die Hauptstadt der Geister ein.
Gegen alle Regel zürnt er gegen den Zimtbaum[1] der drei Herzöge.
Eines Morgens werden Himmel und Erde sich in den Dienst der »Großen Klarheit«[2] stellen.

[1] Die Führungsschicht der Mandschus war in acht Gruppen unterteilt, die die »Acht Banner« genannt wurden.
[2] »Rote Turbane« nannten sich fremdenfeindliche Geheimbündler gegen Ende der Mongolen-Dynastie um die Mitte des 14. Jahrhunderts. Kurze — nämlich abgerissene — Ärmel waren ein Kennzeichen von Leuten, die sich zu einem Volksaufstand zusammenrotteten, eine Art primitiver Uniform. Beide Ausdrücke bedeuten also soviel wie »Rebellen«.

[1] *Kuei*: Zugleich alter Name der Südprovinz Kuangsi. Es wäre also auch die Übersetzung möglich: »... gegen die Kuei-Provinz [unter] den drei Herzögen.«
[2] Dynastiename der Mandschu-Dynastie (1644—1912).

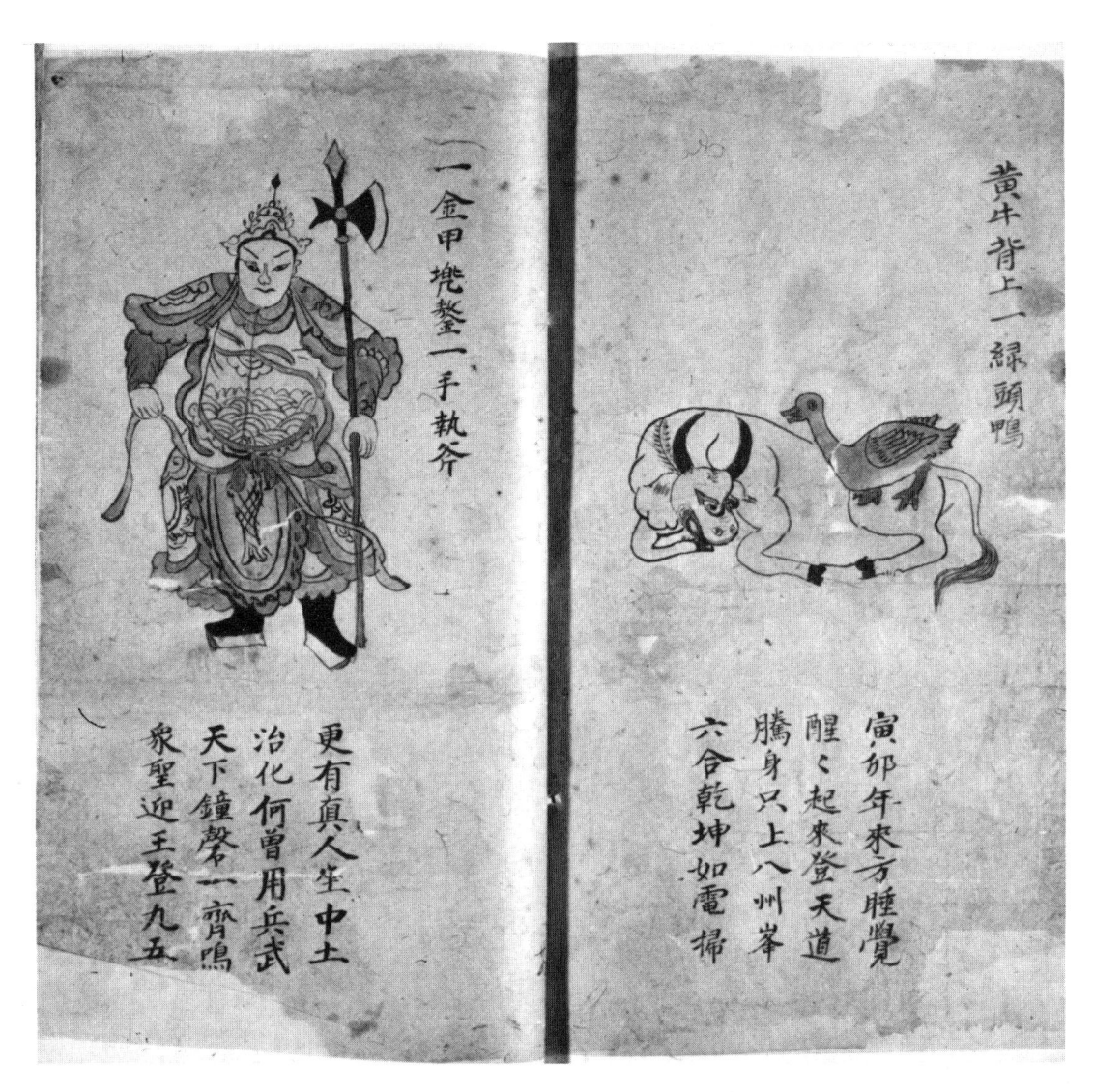

Station 43

Ein [Krieger], angetan mit Rüstung und Helm, hält in einer Hand eine Streitaxt.

Ein »*wahrer Mensch*«[1] hat wieder Platz genommen auf der Mitterde.
Ordnung und Kultur, wann wohl wird man [für sie] zu den *Waffen* greifen [müssen].
Glocken und Klangsteine im ganzen Reiche ertönen in einer einzigen Harmonie.
Und alle Heiligen bewillkommnen den *König*, wenn er den Thron[2] besteigt.

Station 42

Ein gelbes Rind, auf dessen Rücken eine grünköpfige Ente [sitzt].

Wenn das Yin- und Mao-Jahr[1] kommt, erst dann wird man aus dem Schlaf erwachen.
Nüchtern geworden, erhebt man sich und steigt hinan den Himmelsweg.
Sich selbst emporschwingend, gelangt man [doch] hinauf nur bis zu den Gipfeln der Acht Kontinente[2].
In allen sechs Richtungen[3] wirken Himmel und Erde wie mit Blitzesbesen.

[1] Vergleiche Station 13.
[2] Wörtlich: »... wenn er die Neun auf fünftem Platz besteigt«. Der Ausdruck bedeutet »Thron« in Anspielung auf eine Stelle im »Buch der Wandlungen« (»I Ging«, *I-ching*), wo von einem »fliegenden Drachen am Himmel« die Rede ist.

[1] Da von diesen zwei Jahren jeweils nur das erste der beiden für die Bestimmung notwendigen zwei zyklischen Zeichen angegeben ist (und zwar das, das dem »Tiger« beziehungsweise »Hasen«, nicht eines, das dem »Rind« entspricht), läßt sich nur sagen, daß es sich um zwei aufeinanderfolgende, jeweils schon alle 12 (nicht erst alle 60) Jahre wiederkehrende Jahre handeln muß, wie zum Beispiel 1890/91, 1902/03, 1914/15 etc.
[2] Vergleiche Station 26.
[3] Die vier Himmelsrichtungen sowie Zenith und Nadir.

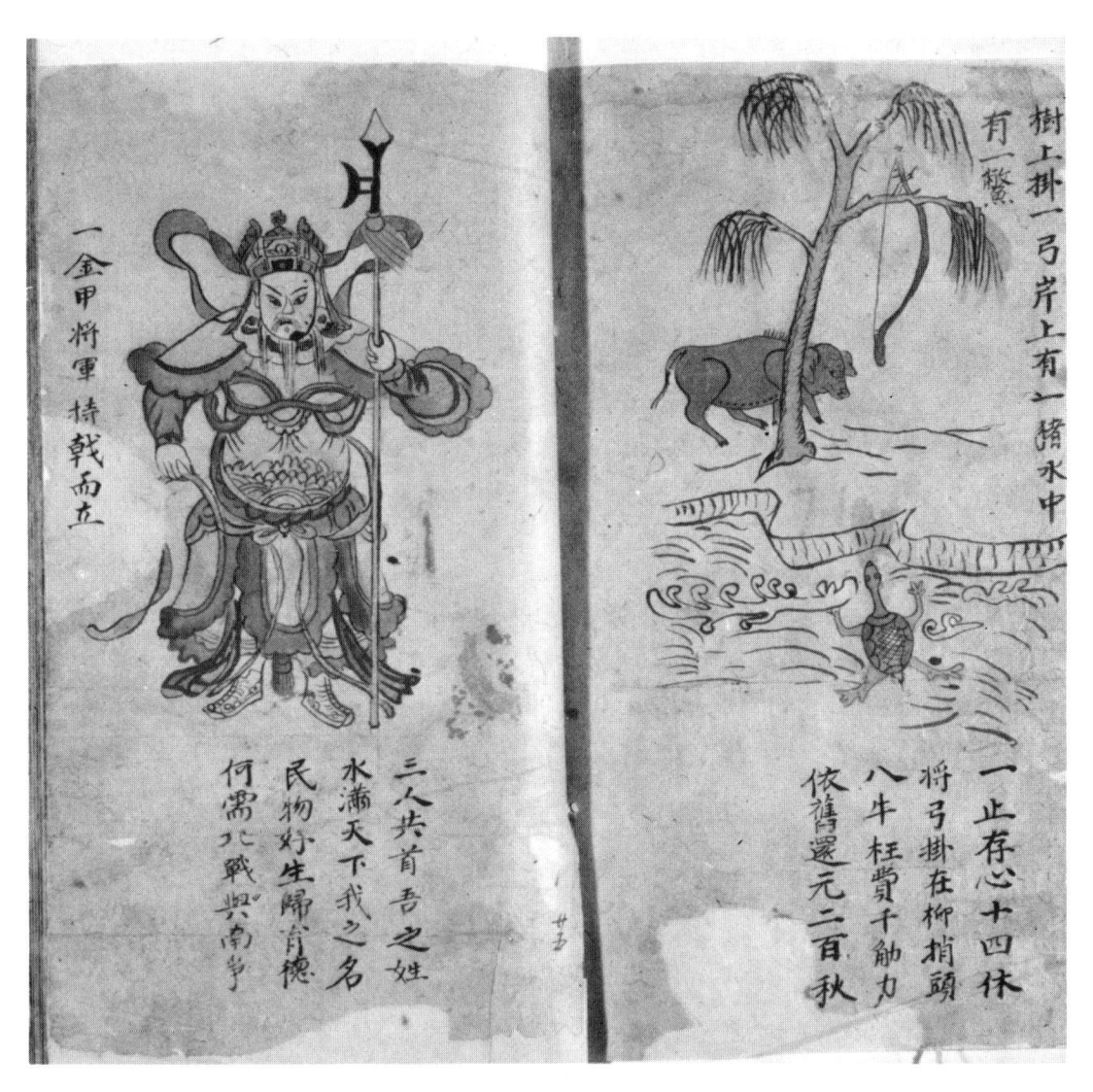

Station 45
　　Ein General in Rüstung steht da mit einer Hellebarde in der Hand.

Drei Männer stehen gemeinsam an der Spitze: [mit] unseren Familiennamen!
Das Wasser überschwemmt das ganze Reich: [mit] unseren Personennamen!
Das Volk und die Kreatur liebt das Leben und die Rückkehr [derer], die Tugend besitzen.
Wann wird er unvermeidlich sein, der *Kampf* im Norden und der Streit im Süden?

Station 44
　　Auf einem Baum hängt ein Bogen. Am Flußufer [daneben] ist ein Schwein, im Wasser eine Schildkröte.

Man läßt alles ruhen, was man im Sinne hatte: vierzehnmal pausieren.
Der Bogen eines Generals hängt im Wipfel eines Weidenbaumes.
Acht Rinder sind vergeudet und [auch] die Körperkraft von tausend [Mann].
Man stützt sich auf das Alte und kehrt zurück zum Ursprung für zweihundert Herbste.

Station 47
    Ein fünffarbener Phönix steht in den Wolken.

In allen acht Himmelsrichtungen wird der große Heilige [von] den Untertanen in jeder Weise gepriesen.
Sich tief verneigend, ihr Herz ausschüttend erkennen sie ihn an als großen Fürsten.
Wenn er, [wie mit] himmlischen Paukenschlägen, sich hören läßt, unterwerfen sich Geister und Gespenster.
Er schwingt sich empor und *mit seinen Füßen tritt er auf die blauen Wolken.*

Station 46
    Ein General in Rüstung liegt quer da am Boden. Ein Mann mit Panzer schwingt [über ihm] den Degen.

Er kleidet sich in buntglühende, fünffarbene Gewänder.
Ohne Gefühl für seinen Sohn gibt er sich hin den wüstesten Ausschweifungen.
Niemals erreicht er den Pfad der »Drei Verklärten«[1].
Ohne [von] seinem eigenen Sohn getötet zu werden, geht [ihm doch] das [himmlische] Mandat[2] ganz und gar verloren.

[1] Die göttliche Dreieinigkeit im Taoismus.
[2] Vergleiche Station 17.

Station 49
Ein Mann mit einem Beamtenhut, dem zwei Münder gewachsen sind.

Der Drache und der Affe, die [miteinander] kämpfen, sind abermals eingedrungen nach Ch'in[1].
[Sie] vereinen und *trennen* Sonne und Mond, sie schließen das, was ohne Tor.
Dieser Mann strebt nicht unbedingt nach Truppenmacht.
Treibt man [ihn] fort aus Tor und Turm, dann fragt man nach dem Hausherrn.

Station 48
Ein Nordbarbar bläst die Flöte und führt einen Hund an der Leine. [Daneben] steht senkrecht ein gespannter Bogen da, und eine Lanze [steckt] in der Erde.

Dieser Kaiser ist selbst geboren *in Chi-chou*[1].
Er öffnet den Mund, ein gespannter Bogen ist links neben ihm.
Ehrfurchtgebietend ist die Natur, großartig sind Himmel und Erde.
[Er] wagt es, mit dem Feuerspiegel[2] widerscheinen lassen das Bangen der Herzen.

[1] Vergleiche Station 11.

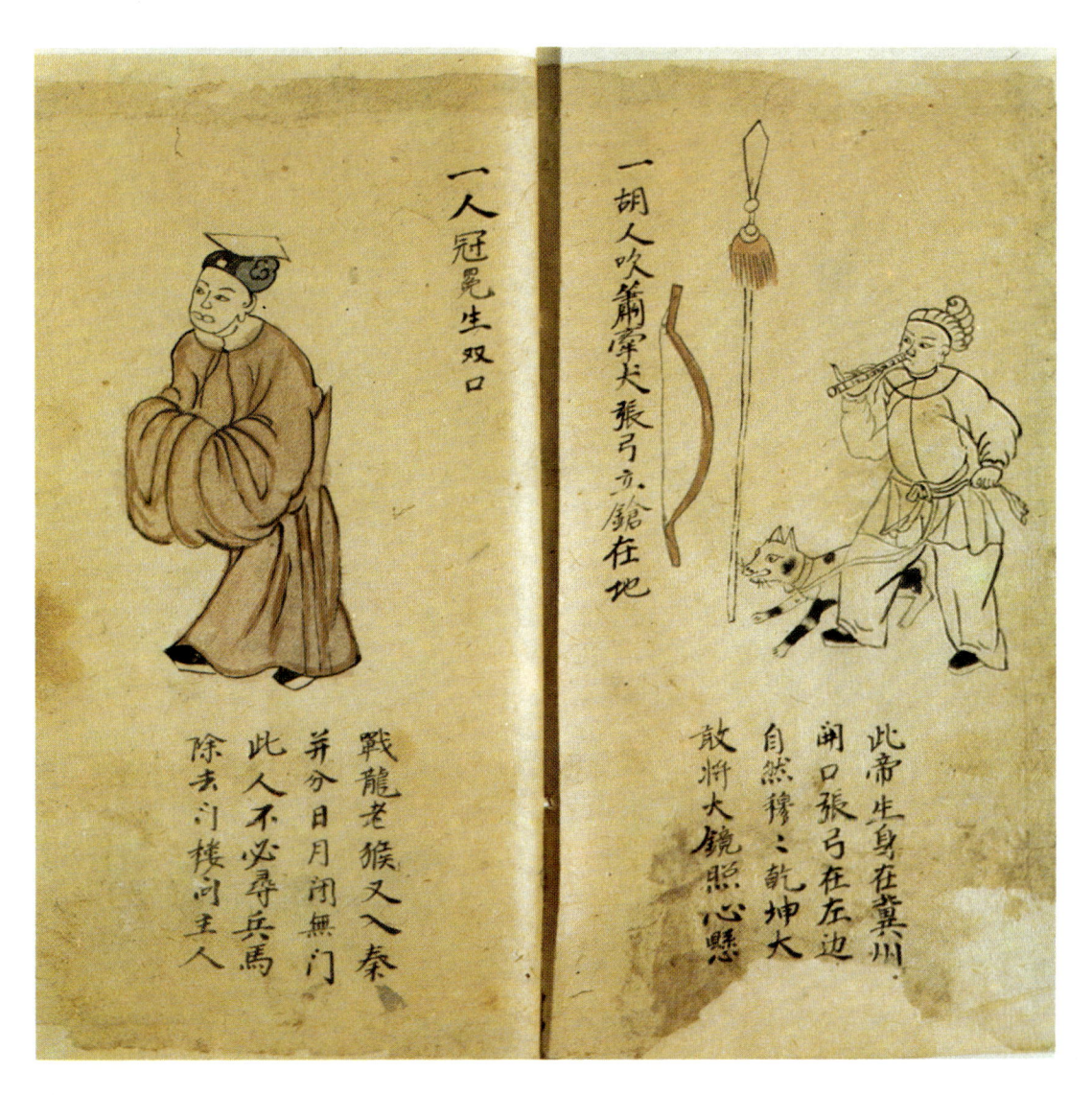

[1] Eine alte Provinz, etwa die heutigen Provinzen Hopei und Shansi in Nordchina umfassend.
[2] Ausdruck für 1. die Sonne, 2. Insektenauge, 3. Brennglas.

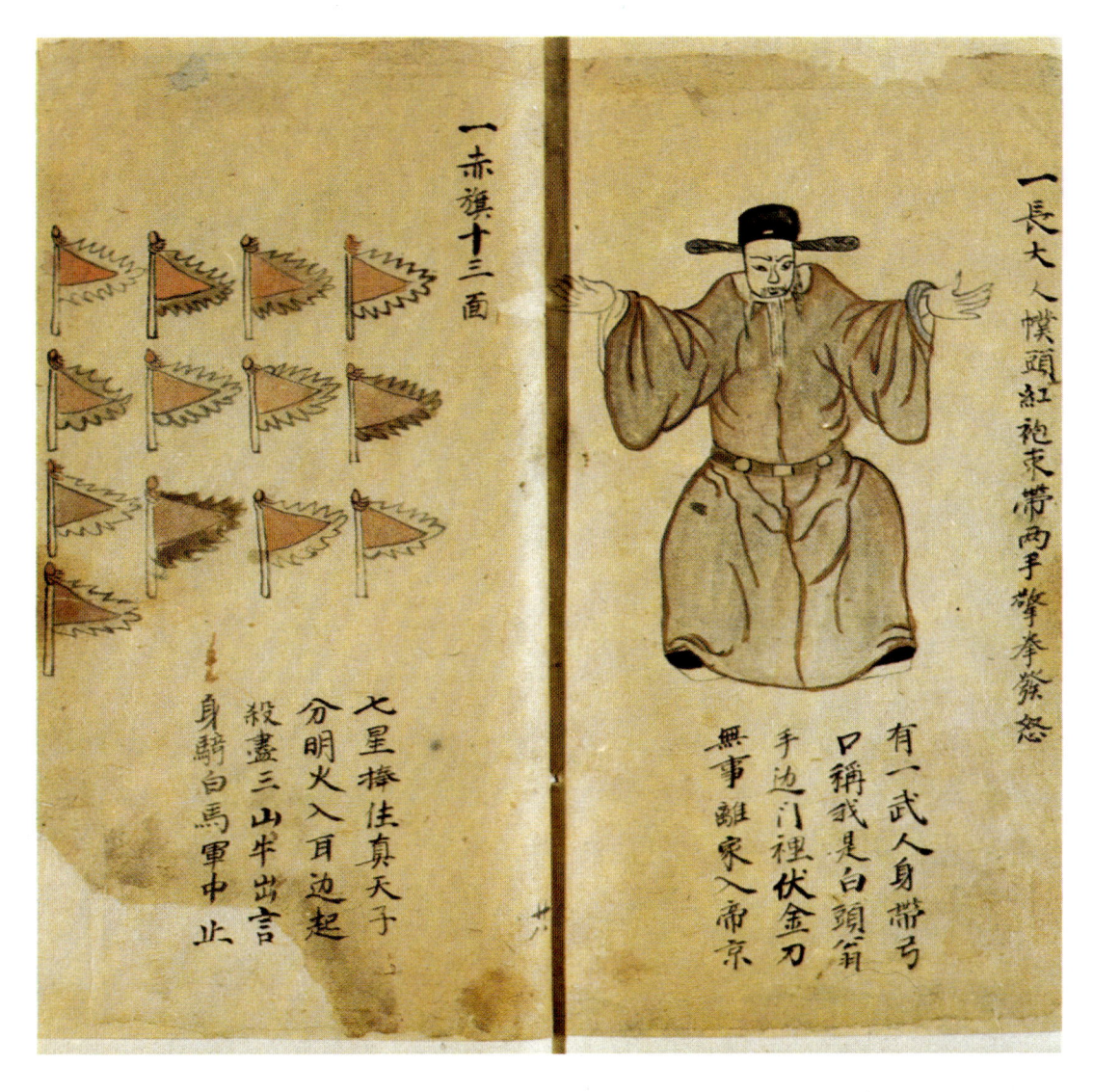

Station 51
　　Dreizehn einheitlich rote Flaggen.

Das Siebengestirn[1] hält fest den wahren Himmelssohn.
Nach klarer Entscheidung dringt er [wie] *Feuer*[2] ein; [an] den Ohr-Rändern[3] erhebt er sich.
Er tötet alles [in] den Drei Bergen[4]; die Rinder bringen Worte hervor.
Er selbst reitet auf einem weißen Pferd[5] und verweilt in der Armee.

Station 50
　　Ein Oberhaupt, ein großer Mann, mit einem Barett auf dem Haupt, [angetan] mit einem roten Gewand und einem Gürtel. Seine Hände sind erhoben und zu Fäusten geballt in einem Ausbruch von Zorn.
Da ist ein Krieger, am Körper trägt er einen Bogen.
Er sagt einfach: »Ich bin der Alte mit dem weißen Haupt«.
Am Tor nahe seiner Hand[1] hat er metallene Schwerter versteckt,
Ohne daß etwas geschehen, trennt er sich von der Familie und zieht ein in die Hauptstadt der Kaiser.

---

[1] Entweder die sieben Sterne des Großen Wagen (vergleiche Station 33) oder der Name eines der 28 Sternhäuser.
[2] Die in chinesischen pseudowissenschaftlichen Lehren dem Feuer entsprechende Farbe ist Rot.
[3] »Ohr« und »Rand« haben beide die Bedeutung »seitlich«.
[4] Ein sehr häufiger Ortsname in allen Teilen Chinas. Außerdem auch eine Bezeichnung für die taoistischen Paradiese.
[5] «Weißes Pferd» könnte als Hinweis auf ein bestimmtes Jahr gemeint sein (vergleiche die Stationen 15, 34, 35) und zwar Jahre wie 1870, 1930, 1990 etc., die alle »Weißes-Pferd-Jahre« sind.

[1] Spätere Ausgaben haben als erstes Zeichen der dritten Zeile »Osten« statt »Hand«, wodurch sich die Übersetzung ergibt: »Am Tor auf der östlichen Seite ...«.

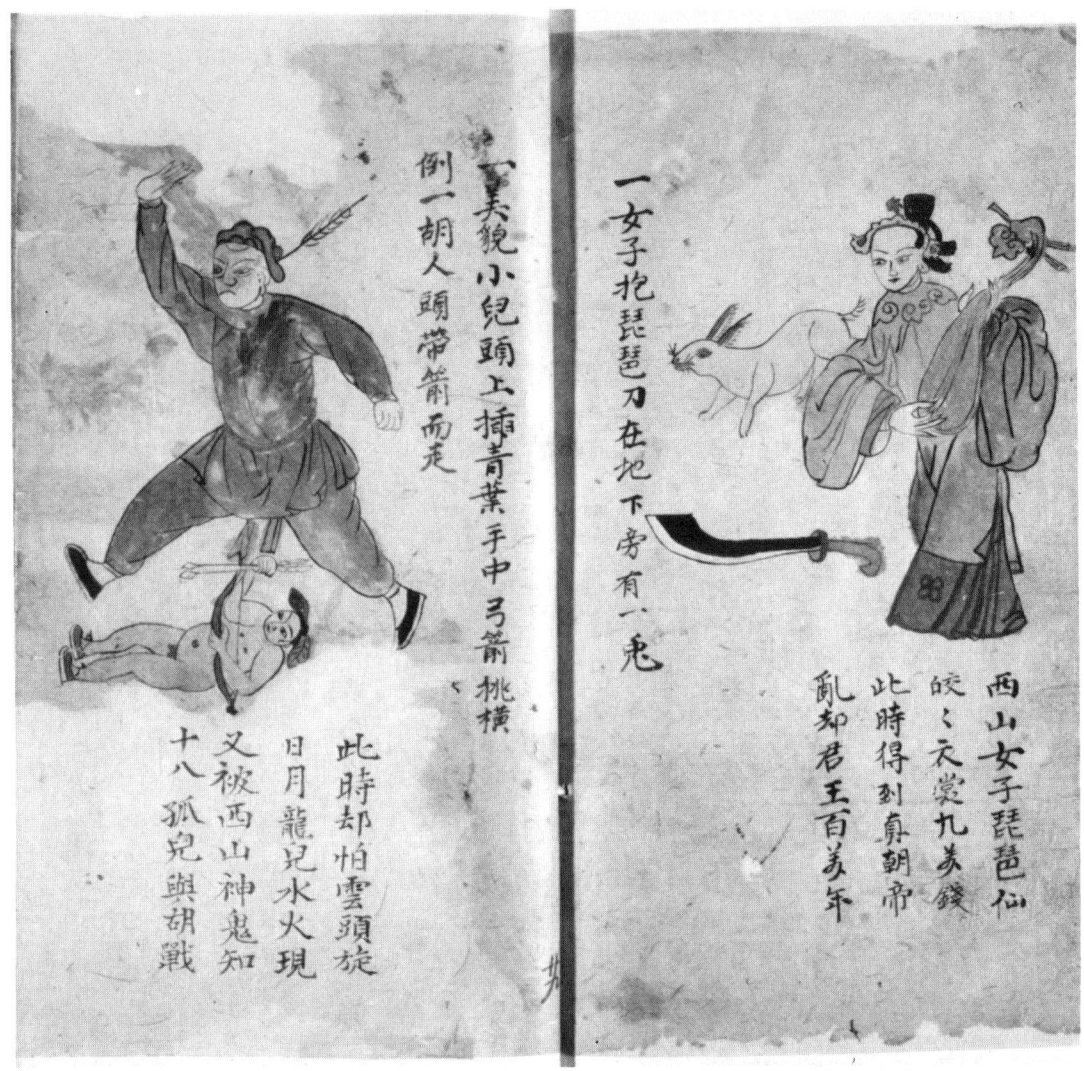

Station 53
Ein hübscher junger Knabe, den Kopf mit grünem Laub bekränzt, in der Hand Pfeil und Bogen tragend, ist quer [auf den Boden] gefallen. Ein Nordbarbar läuft daher, einen Pfeil am Kopf tragend.

In dieser Zeit [muß] man fürchten, daß die obersten Wolken sich wirbeln.
Das Drachen*junge* [von] Sonne und Mond erscheint [in] Wasser und Feuer.
Wieder befällt es die Westberge; Geister und Gespenster wissen Bescheid.
Achtzehn Waisen*knaben* kämpfen mit den Nordbarbaren.

Station 52
Eine Frau hält eine P'i-p'a-Laute im Arm. Ein Schwert liegt am Boden. Daneben ist ein Hase.

Die Frau in den Westbergen ist die P'i-p'a-Lauten-Fee.
Weiß glänzend ist ihr Gewand, wie viele tausend Geldstücke [mag es gekostet haben]?
[Obwohl] er zu dieser Zeit ankommen könnte, der Kaiser der wahren Dynastie.
[Dauern] doch die Wirren [um] Fürst und König hundert[mal] zehntausend Jahre.

Station 55
    Ein Mann, ein Barett auf dem Haupt, reitet auf einem Pferd.
    Ein Soldat schreitet vor ihm her.

Der Hase läuft in eine Hühnerschar und vergißt die Schafherde[1].
Der trockene Baum treibt Zweige und erlebt noch einmal den Frühling.
Er bedenkt nicht, daß der Frühlingswind schneidend kalt sein [kann] wie Eis.
Wie wüßte er auch um den Mann im Feuer aus Chen-yang[2]?

Station 54
    Ein Mann in schwarzer Gewandung hält in den Händen ein Henkersbeil.

Die Farbe blüht auf und verbindet die Söhne mit den Vorfahren.
Die Kinder und Enkel des Himmelssohns, wieviele Jahre [haben sie]?
Man fragt höflich, an welchem Tag der König eintrifft.
Und fürchtet, daß er gestorben ist im Palast und daß es für ewig nicht mehr kommt zu einer Rundung.

[1] Hase, Huhn und Schaf gehören zu den zwölf, im mehrfach erwähnten Sechzigerzyklus verwendeten Jahres-Tieren. Hier deutet aber höchstens »Hase« eine Jahreszahl an, »Hühnerschar« und »Schafherde« stehen eher für »groß« und »klein« wie bei Station 36 »Fuchs« und »Seidenspinnerpuppe«.
[2] Zwei Orte in den Zentralprovinzen Honan und Hupei.

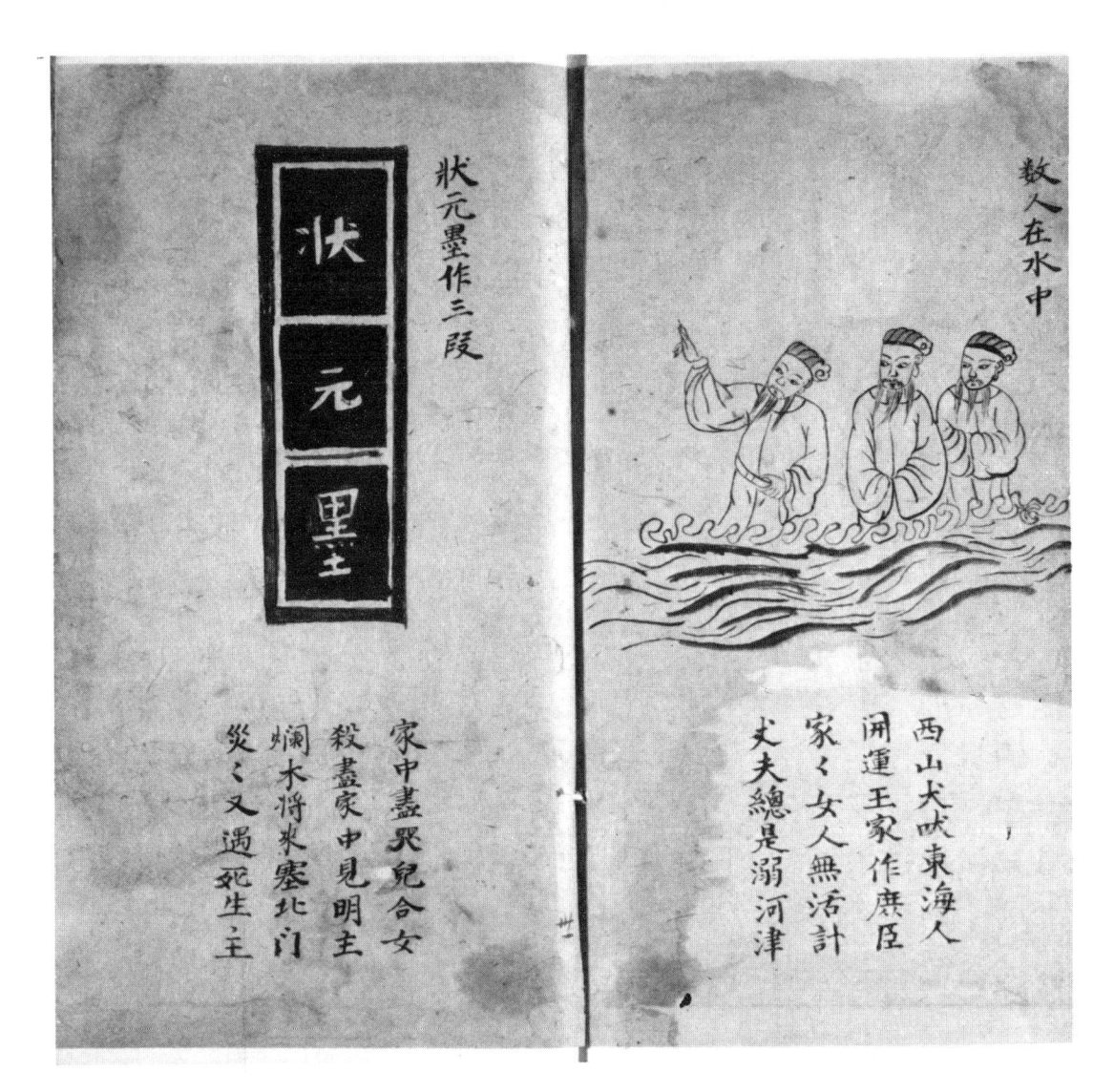

Station 57
Eine »Prüfungsbester-Tusche«[1] in drei Stücken.

In den Häusern weinen sie überall, Kinder wie Frauen.
Man tötet alles in den Häusern, [um] den erleuchteten Herrscher zu sehen.
Verfaultes Holz für die Zukunft, [damit versucht] man das Nordtor zu verbarrikadieren.
[Aber] die Katastrophe trifft dennoch den Herrn über Leben und Tod.

Station 56
Einige Leute im Wasser.

In den Westbergen bellen die Hunde, im Ostmeer [stehen] die Menschen [im Wasser].
Die Königsfamilie, die einen neuen Anfang macht[1], ist [selber] Volk und Untertan.
In allen Häusern haben die Frauen keinen Lebensunterhalt,
Und *die Männer ertrinken zusammen in den Furten der Flüsse.*

[1] Die Aufschrift in drei Zeichen auf dem entsprechend dreigeteilten Tuschestück: *Chuang-yüan mo* heißt wörtlich übersetzt »Verfahrens-Erster-Tusche«, wobei »Verfahrens-Erster« ein Ausdruck für den Primus in einer Staatsprüfung war.

[1] »Einen [neuen] Anfang machen«, wörtlich: »Sein Schicksal neu eröffnen« diente auch als »Regierungsdevise« für die Jahre 944—947.

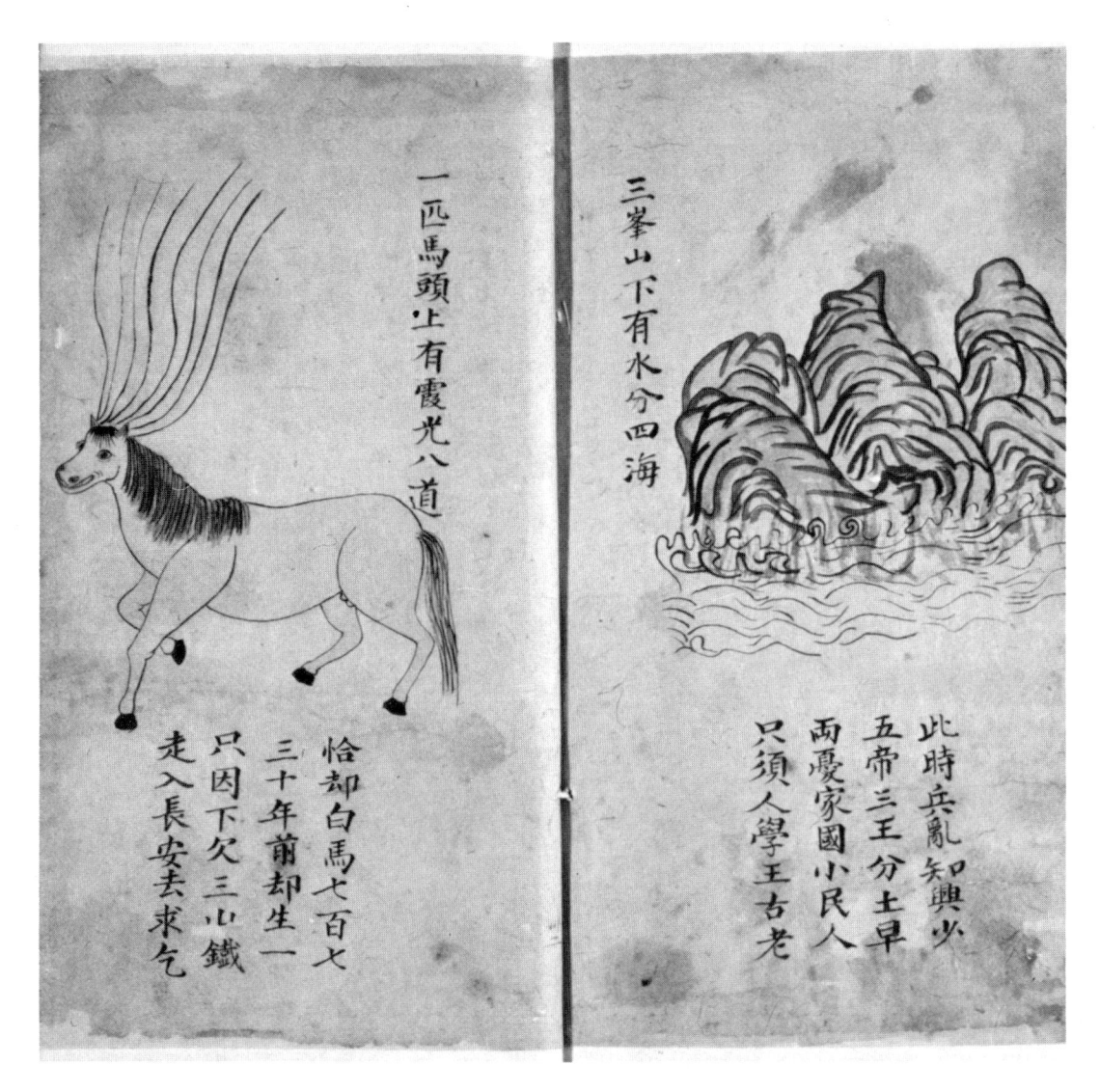

Station 59
 Ein Pferd mit einem buntglühenden Licht über dem Kopf in acht Strahlen.

Günstig *das weiße Pferd:* Siebenhundert und sieben.
Dreißig Jahre zuvor gebar man den Einen.
Es ist nur, weil die Unteren Mangel leiden, daß es drei Berge [mit] Eisen [gibt].
Wenn er nach Ch'ang-an[1] hineinläuft, vertreibt er die Bettler.

Station 58
 Drei Berggipfel, darunter Wasser in Vier Meere geteilt.

In dieser Zeit sind die Wirren des Krieges; man weiß, Freude [gibts da] wenig.
Die Fünf Kaiser und Drei Könige[1] trennten Erde und Gras[2].
Die beiden, die sich Sorgen machen um Familie und Staat und um die kleinen Leute,
Müssen nur als Menschen lernen, wie erfahren die Könige waren im Altertum.

[1] »Ewiger Friede, Name der Hauptstadt verschiedener Dynastien, namentlich der T'ang-Dynastie; heute Sian.

[1] Die vorgeschichtlichen Herrscher in der chinesischen Mythologie, denen zum Teil auch die Erschaffung der Welt und die Erfindung der Kultur zugeschrieben wird.
[2] Eigentlich »Erde und *Morgen*«. Die Übersetzung folgt einer Textangabe, die das ähnlich geschriebene »Gras« setzt.

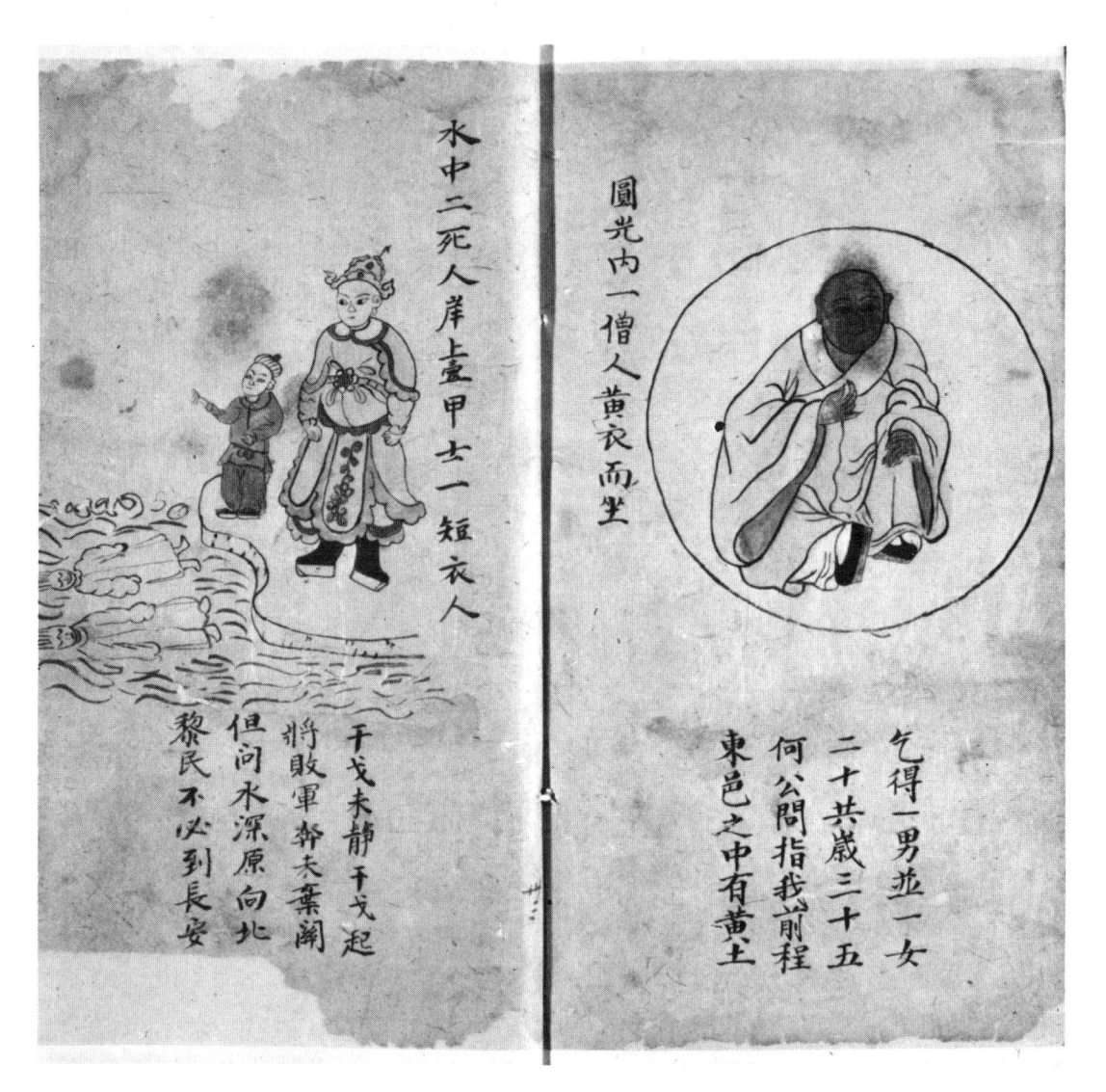

Station 61
  Im Wasser liegen zwei tote Menschen. Am Ufer steht ein gepanzerter Krieger und ein Mann in kurzem Gewand.

Schild und Speer kommen noch nicht zur Ruhe, Schild und Speer werden erhoben.
Die Armee flieht kurz vor der Niederlage, gibt aber noch nicht die Pässe auf.
Man fragt nur, ob das *Wasser tief sei und die Quelle* nach Norden fließe.
Das schwarzköpfige Volk[1] gelangt nicht unbedingt bis nach Ch'ang-an[2].

Station 60
  In einem Strahlenkranz sitzt ein Buddhistenmönch mit gelber Kutte.
Auf Bitten erlangt man einen Knaben, und auch ein Mädchen.
Zwanzig gemeinsame Lebensalter, und fünfunddreißig.
Welcher Herr zeigt [uns wieder] auf Befragen unsere ehemaligen Regeln?
Mitten in der östlichen Stadt gibt es *gelbe* Erde.

[1] Das einfache Volk.
[2] Vergleiche Station 59.

Station 63
Ein Mann, der ein blaues Kleid angezogen hat und einen Regenhut trägt, führt ein gelbes Rind am Strick.

Wenn das *gelbe Rind* Veränderung [bringt], kommt das rote Schaf[1].
Auf welches Menschen Rede [darf] man vertrauen, [wenn] man da sein [will], wo man von jeher war?
Ist das Kleid nicht von einem Gürtel umschlossen, so werden [alle] Beamten untereinander gleich.
Wenn man an diesem Tag angelangt ist, wird man ereilt von Not und Schaden.

Station 62
[Auf] einem Fluß stehen vier Zelte aus Filz. Links und rechts befinden sich [zwei] eingerollte Fahnen gegenüber.
[In] den Westbergen bellen die Hunde[1]: viertausend Stimmen.
[Im] *Ostmeer* verderben die Menschen: Getöse [über] zehntausend Stockwerke[2].
Man bewegt sich über Ch'ang-an[3] hinaus tausend Meilen.
Metallenes Schwert [in] Erde und Holz: Gemeinsam[4] sucht man einen Namen.

[1] »Gelbes Rind« entspricht im Sechzigersystem (vergleiche Station 15) den Jahren 1829, 1889, 1949 etc., »Rotes Schaf« den Jahren 1835, 1895, 1955 etc.

[1] Vergleiche diesen Spruch mit denen in Station 56 und 66.
[2] Oder »Schichten«.
[3] Vergleiche Station 59.
[4] Oder: »[Für] beide...«

一人幞頭紅袍玉帶二美人侍立大泣

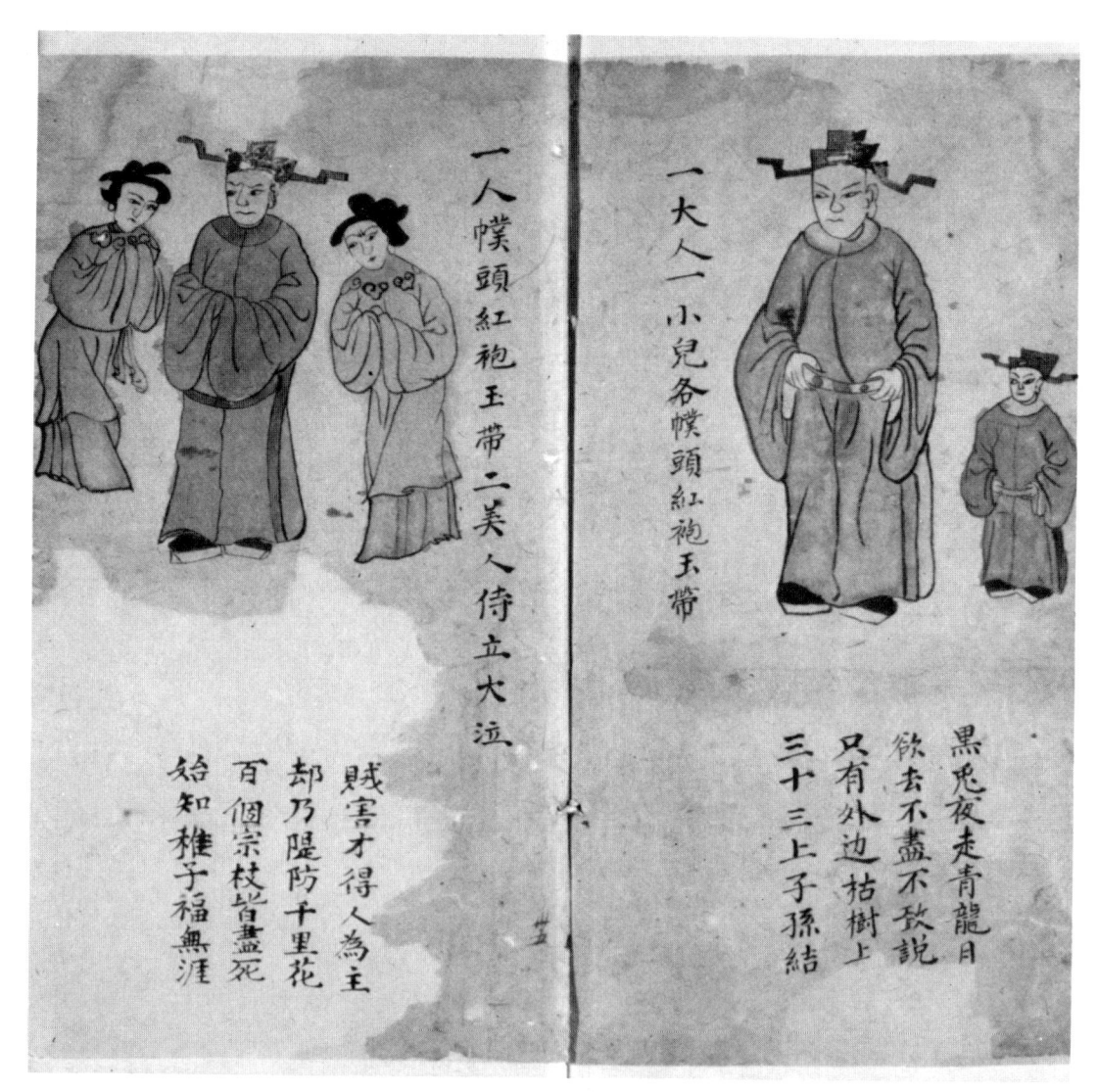

一大人一小兒各幞頭紅袍玉帶

賊害才得人為主
卻乃隄防千里花
百個宗枝皆盡死
始知稚子福無涯

黑兔夜走青龍月
飲去不盡不致說
只有外邊枯樹上
三十三上子孫結

Station 65

Ein Mann mit einem Barett auf dem Kopf, angetan mit rotem Gewand und jadenem Gürtel, und zwei schöne Damen, die neben ihm stehen, weinen bitterlich.

[Durch] den von Rebellen zugefügten Schaden wurden Fähigkeiten erworben: Ein Mann wird [so] zum Herrscher.
Und [bildet] einen Abwehrwall: Blühendes über tausend Meilen ←.
Die [Verwandtschafts]zweige von hundert Ahnen sind alle ausgestorben.
Da merkt man erst, daß das Glück, das Kinder [bedeuten], grenzenlos ist.

Station 64

Ein großer Mann und ein kleiner Knabe, beide mit einem Barett auf dem Kopf und angetan mit rotem Gewand und jadenem Gürtel.

Der schwarze Hase rennt bei Nacht, der grüne Drache[1] bei Tag.
Er will davon, [aber] tut nicht sein Letztes: Er wagt es nicht zu sprechen.
Es gibt nur [noch] das, was auf dem verdorrten Baum [ist] im Randgebiet.
[Durch] dreiunddreißig und darüber werden *Söhne und Enkel* verbunden.

[1] »Schwarzer Hase« entspricht der Jahresserie 1843, 1903, 1963 etc., für »Grüner Drache« vergleiche Station 35.

Station 67

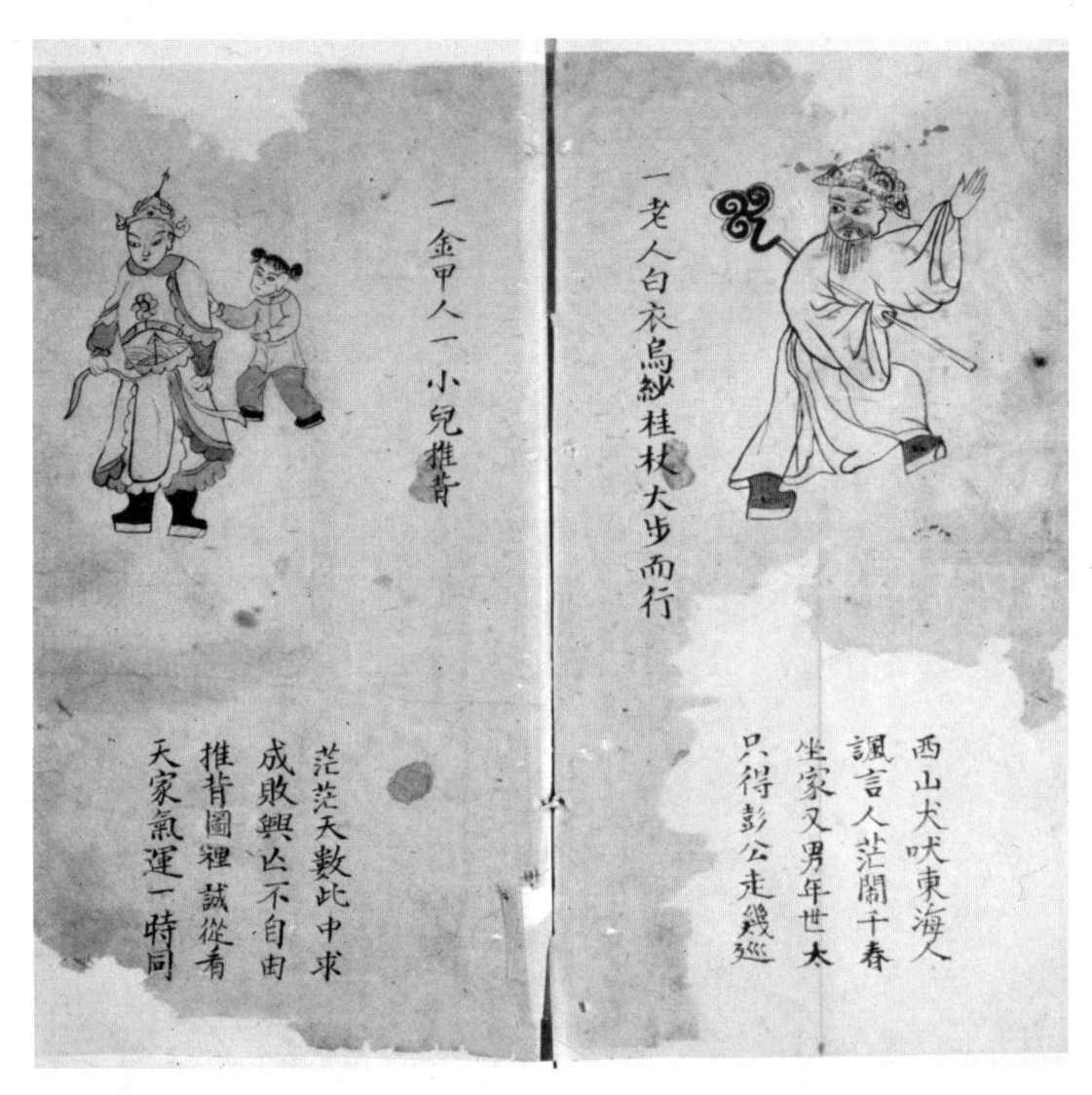

Ein Mann in Rüstung wird von einem kleinen Knaben in den Rücken gestoßen.

Unendlich, unergründlich sind die [vom] Himmel festgelegten Geschicke: In diesem [Buch] haben wir [danach] geforscht.
Erfolg und Niederlage, Glück und Unglück entstehen nicht nach freiem Willen.
Wenn man wirklich dem folgt, was man im *T'ui-pei-t'u* gelesen,
Dann wird man sich zu jeder Zeit dem von den Himmlischen [gelenkten] Schicksalslauf anpassen [können].

Station 66

Ein alter Mann, angetan mit weißem Gewand und Festhut aus dunkler Gaze, schreitet, einen Zimtbaumstock [in der Hand], mit großen Schritten einher.

[In] den Westbergen bellen die Hunde, im Ostmeer [stehen] die Menschen [im Wasser][1].
[Durch] die rezitierten Worte [geraten] die Menschen in Verwirrung: Das Getöse hält an für tausende Frühlinge.
Die Familie, die [auf dem Thron] sitzt, [hat] noch Söhne: Jahre und Zeitalter übergenug.
Man [müßte] nur ein *Meister P'eng*[2] sein, [dann könnte] man mehrere Runden durchlaufen.

[1] Vergleiche die Stationen 56 und 62.
[2] »Meister P'eng«: P'eng-tsu, der chinesische Methusalem. Das Bild ist offensichtlich eine Darstellung dieses alten Heiligen.